DR. JAMES DOBSON

EL AMOR
DEBE SER
FIRME

Vida

DEDICADOS A LA EXCELENCIA

©1990 Editorial Vida
Miami, Florida
Edición popular 2006

Este libro fue publicado en inglés con el título:
Love Must Be Tough
©1983 por Word, Incorporated

Traducción: Miguel A. Mesías
Diseño de cubierta: *Gustavo Camacho*
Diseño de interior: *Art Services*

Reservados todos los derechos

ISBN 0-8297-5002-9

Categoría: *Vida cristiana / Relaciones / Familia*

Impreso en Estados Unidos de América
Printed in the United States of America

07 08 09 10 ◆ 9 8 7 6 5 4 3

Índice

*Dedico este libro a todo el que
ha sido rechazado u ofendido
por una persona de quien
dependía todo en su vida.
Es mi oración que estas
palabras comenzarán el
proceso de curación de las
heridas, y suplirán una base
para que germine y crezca
el perdón genuino;
porque sólo en el perdón se
puede encontrar la paz.*

Introducción

«Siéntate, Carola. Tengo que hablar contigo de algo muy serio. Te va a asombrar lo que te voy a decir; pero ya no puedo ocultar la verdad por más tiempo. Es que he tenido relaciones con una mujer de la oficina ya por año y medio. Se llama Brenda y es muy atractiva. Todo comenzó como un flirteo inocente; pero progresó rápidamente a cosas más serias, mucho más serias. Ya no podemos seguir fingiendo. De modo que hice una cita con un abogado, y voy a divorciarme de ti tan pronto como sea posible. ¡Lo lamento mucho! De veras, lo lamento. ¿Qué más puedo decir? Nunca quise ofenderte, pero sencillamente ya no te quiero; y en cambio quiero muchísimo a Brenda. Así que, Carola, quisiera que hagas las cosas más fáciles para los dos y, por supuesto, para los niños. A todos nos irá mucho mejor una vez que todo este lío quede resuelto.»

Con esas palabras el mundo le cae encima a una mujer que no sospechaba nada, al igual que sobre los hijos que no pueden comprender por qué ella llora. De repente toda la estabilidad de sus vidas se hace trizas. El rechazo y el insulto se mezclan con el dolor y el remordimiento. Se derrumba el amor propio. La seguridad y la confianza dan paso al temor y a la ansiedad. El futuro pierde su significado. Pero lo más perturbador de todo es que la mujer, que poco antes se sentía amada y respetada, de súbito se siente profundamente despreciada y rechazada.

Estas circunstancias han llegado a ser comunes no sólo para las Carolas, las Juanitas y las Patricias, sino también para los Robertos y los Carlos. Bien sea por razones de infidelidad, o por otros grandes asesinos del matrimonio, muchos se ven arrastrados a un divorcio que no quieren. Algunos no lo descubren mediante un «anuncio» sorpresivo, como el que destrozó a Carola, sino que observan con impotencia el deterioro de su matrimonio año tras año, consumido por un cáncer insidioso que corroe el alma misma de la relación. Tratan desesperadamente de buscar respuestas y remedios. Por desgracia —*y este es el punto crítico*— el consejo de los amigos, y hasta consejeros profesionales, tienen, a menudo, efectos desastrosos.

Este libro les da una opción a quienes se hallan en medio de una crisis familiar. Mi propósito al escribirlo es ofrecer recursos prácticos —algunos conceptos— que deben ser útiles para traer al cónyuge apático de vuelta al compromiso. Tal vez sea una sorpresa enterarse de que el conflicto humano, *si se maneja apropiadamente,* puede ser el medio para la transformación de una relación inestable en un matrimonio vibrante y saludable. Por otro lado, la reacción equivocada en los momentos de crisis puede apagar rápidamente las moribundas brasas del amor.

Debo reconocer que algunos de los principios que señalaré pueden ser controversiales en algunos círculos cristianos. Estoy convencido de que el consejo que tradicionalmente se ofrece a las víctimas de la infidelidad y otras violaciones de la confianza ha sido con frecuencia nada bíblico y más bien destructivo. Es obvio que no todo el mundo estará de acuerdo. A quienes arriban a conclusiones diferentes, sólo puedo pedirles un poco de amor mientras procuramos resolver los más difíciles problemas familiares con nuestro limitado conocimiento y perspectiva.

Pero eso es suficiente por ahora. Permítame darle una palabra de precaución antes de continuar. Si usted paulatinamente ha estado o está perdiendo a su ser amado, si percibe un creciente desdén y falta de respeto de parte de la persona que considera la más importante en el mundo, este libro es sólo para usted. *No le pida a su cónyuge que lo lea al mismo tiempo.* Usted debe por lo menos revisarlo primero, y luego decidir si vale la pena revelar su mensaje o no. Ha sido mi experiencia que los principios de *firmeza amorosa* son más eficaces cuando no se discuten dentro de los confines de un matrimonio en problemas. Pienso que usted pronto entenderá por qué es así.

Gracias por permitirme compartir con usted algunos nuevos conceptos. Espero que los encuentre útiles, aun cuando no atraviese por una crisis familiar.

1

Con amor por las víctimas

Más de ciento ochenta mil cartas y alrededor de treinta mil llamadas telefónicas inundan cada mes las oficinas de Enfoque a la familia [*Focus on the Family*], representando la gama completa de circunstancias y necesidades humanas. Toda forma de sufrimiento y angustia, y muchas alegrías y triunfos, se presenta ante nuestros ojos día tras día con lujo de detalles. El correo trajo recientemente una carta de un hombre a quien llamaré Rogelio.[1] Su historia me conmovió profundamente.

Hace algunos meses mi esposa Norma salió para ir a comprar algunos víveres en una tienda de un centro comercial cercano. Les dijo a nuestros cuatro hijos que volvería en media hora, y les advirtió que se portaran bien. Eso fue un sábado por la mañana. Seis horas más tarde no había regresado, y yo había ya comenzado a buscarla frenéticamente. Me imaginaba que la habían raptado, o violado, o algo peor. El domingo por la mañana llamé a la policía, pero me dijeron que no podían ayudarme a buscarla sino después que hubieran transcurrido cuarenta y ocho horas de su desaparición. Los niños y yo estábamos desesperadamente preocupados.

Pedimos a nuestra iglesia y a nuestros amigos que oraran por ella, sobre todo por su seguridad. Ella no había dejado ninguna nota ni mensaje, ni tampoco había llamado a nadie. Encontramos su automóvil en el centro comercial, cerrado con

---

[1] Todas las cartas citadas en este libro han sido modificadas para proteger los nombres e identidad de quienes las escribieron.

llave, y vacío. La policía me dijo que lo más probable es que ella se había escapado con otro, pero no estuve de acuerdo. Eso no era concebible para una mujer con la que había vivido por catorce años… la madre de nuestros cuatro hijos. Nos llevábamos bastante bien y hasta habíamos planeado tomar una breve vacación durante el fin de semana del Día del Trabajo.

El martes contraté los servicios de un célebre detective, y le pedí que nos ayudara a localizar a mi esposa, o por lo menos a descubrir lo que le había pasado. Él comenzó a entrevistar a sus amigos y asociados, y los detalles fueron saliendo a la luz. Para mi completa sorpresa, se hizo muy claro que Norma se había ido por su propia voluntad con un hombre casado, compañero de trabajo. Sencillamente yo no podía creerlo.

Dos semanas más tarde recibí una carta en la que ella me decía que ya no me quería, y que nuestro matrimonio se había terminado. Así se había acabado. Decía que regresaría meses más tarde para reclamar la custodia de los hijos, y que los llevaría a vivir con ella en otro estado.

Doctor Dobson, le digo con toda sinceridad que siempre fui un esposo y un padre fiel. Incluso desde que mi mujer se fue, he cuidado bien a los hijos. Hice lo mejor que pude para restaurar nuestra vida, y continuar viviendo… tratando de darles un hogar decente a estos cuatro niños perplejos. Sin embargo, hace un mes el tribunal decretó sentencia a favor de mi mujer, y ahora me encuentro solo.

Hace pocos años construí esta casa con mis propias manos, ¡y ahora está vacía! Lo único que tengo para mostrar de la familia que perdí es un montón de cuentas por pagar que Norma me envía, y los recuerdos que nacieron dentro de estas paredes. Mis hijos se criarán en un hogar que no es cristiano, a ochocientos kilómetros de distancia, y ni siquiera tengo suficiente dinero para ir a visitarlos.

Mi vida está hecha pedazos. No me queda nada, sino tiempo libre para pensar en la mujer que amo… y en el sufrimiento y el rechazo que siento. Es una experiencia terrible. Norma me destruyó. Jamás me recuperaré. Me siento solo y deprimido. Me despierto a medianoche pensando en lo que pudiera haber sido… y en lo que es. ¡Sólo Dios puede ayudarme!

Quisiera que esta carta de Rogelio representara una tragedia rara, que ocurre sólo en las circunstancias más desacostumbradas. Desafortunadamente, variaciones del mismo tema son cada vez más comunes. La intriga sexual ha llegado a ser un patrón familiar en muchos matrimonios, no sólo fuera del marco de la iglesia cristiana, sino incluso dentro de él. Por supuesto, los niños son las víctimas más vulnerables de la inestabilidad familiar, pues son demasiado pequeños para comprender lo que les ha ocurrido a sus padres.

Recibí una ilustración gráfica de esa tragedia de la próxima generación en una conversación que sostuve con una maestra de sexto grado en un vecindario acomodado de California. Ella estaba sorprendida al ver los resultados de una tarea de pensamiento creativo que había asignado a sus alumnos. Se les pedía que completaran una frase que comenzaba con la palabra «quisiera». La maestra esperaba que los niños y niñas dijeran que querían bicicletas, un perrito, aparatos de televisión, o viajes a Hawai. En lugar de eso, veinte de los treinta niños hicieron referencias a sus familias que se desintegraban. Las siguientes son algunas de esas respuestas:

«Quisiera que mis padres no pelearan, y que mi padre regresara a casa.»

«Quisiera que mi madre no tuviera un amante.»

«Quisiera que pudiera sacar buenas calificaciones para que mi padre me ame.»

«Quisiera tener sólo un papá y una mamá, para que los otros niños no se burlen de mí. Tengo tres mamás y tres papás, y ellos trastornan toda mi vida.»

«Quisiera tener una ametralladora para poder matar a todos los que se burlan de mí.»

Sé muy bien que ya no es noticia digna de titulares anunciar que la familia de hoy está en serias dificultades; pero siempre me perturba ver a niños como estos batallando con tal caos en días en que el simple hecho de crecer es una tarea enorme. Millones de niños se hallan atrapados en el mismo enredo. Piense en la situación de los hijos de Rogelio, el de la carta mencionada anteriormente. En primer lugar, perdieron a su madre. Luego vieron que su padre se hundía en el dolor y la agonía, y por último se vieron arrebatados de las cosas familiares y trasladados a otro estado, viviendo con un sujeto desconocido que quiere que lo llamen «papá». ¡Jamás volverán a ser los mismos! Y ¿por qué fue necesaria esa odisea? Sencillamente porque su madre se preocupaba más por su propia felicidad y bienestar que por ellos. En su juventud, frente al altar y delante de Dios y de los hombres, ella había prometido solemnemente amar a Rogelio, en las buenas y en las malas, en riqueza o en pobreza, en salud o en enfermedad, renunciando a todos los demás hombres, hasta que la muerte los separara. Lamentablemente, Norma cambió de parecer.

Es evidente que el matrimonio de estos dos que anteriormente se amaban ya está más allá de cualquier reparación posible. Pero, ¿podría haberse salvado? ¿Dónde estaban los síntomas y señales que Rogelio no notó en el curso de los años recientes? ¿Podía haber habido alguien que les diera algún consejo que pudiera haber evitado la tragedia final?

Antes de intentar responder a esas preguntas importantes, consideremos a otra familia que todavía no ha llegado al punto desde donde no hay retorno posible. Sus dificultades están resumidas en la carta que sigue, procedente de una esposa y madre a quien llamaré Linda. Ponga cuidadosa atención a esta carta, porque nos referiremos a ella en el resto del libro.

Estimado doctor Dobson:

Tengo un problema que se ha convertido en una terrible carga para mí. Me está afectando tanto física como espiritualmente. Me crié en un hogar evangélico, pero me casé con un hombre que no es creyente. Pablo y yo hemos tenido tiempos difíciles, con muchas iras y peleas. Él no ha querido participar en la familia como padre de nuestros tres hijos, y me ha dejado todo a mí. Le gusta irse a jugar bolos y ver los partidos de fútbol en la televisión; y duerme todo el domingo. De modo que las cosas siempre han sido tormentosas. Sin embargo, hace algunos años surgió un problema mucho más serio.

Pablo comenzó a interesarse en una hermosa divorciada que trabaja como su contabilista. Al principio todo parecía inocente, puesto que él la ayudaba de varias maneras. Pero luego empecé a notar que nuestra propia relación se iba deteriorando. Él siempre quería que esa otra mujer nos acompañara a dondequiera que íbamos, y pasaba más y más tiempo en su casa. Decía que estaban trabajando en los libros de contabilidad, pero no se lo creía. Comencé a acosarlo y a quejarme, y eso sólo fortaleció su deseo de estar con ella. Gradualmente se enamoraron el uno del otro, y yo no sabía qué hacer.

Compré un libro sobre el asunto, en el cual el autor prometía que si yo obedecía a mi pecador esposo, Dios no permitiría que nada malo me pasara, siempre y cuando yo tuviera una actitud sumisa. Pues bien, tuve miedo de que pudiera perderlo para siempre, y acepté permitir que la otra mujer viniera a nuestro mismo dormitorio. Pensé que eso haría que Pablo me quisiera más, pero lo único que logró fue que él se enamorara más de ella.

Ahora él está confundido, y no sabe a cuál de las dos realmente ama. No quiere perderme, y dice que todavía nos ama a mí y a nuestros tres hijos; pero tampoco puede dejar a la otra. Quiero mucho a Pablo y le he suplicado que pongamos nuestro problema en las manos del Señor. Quiero también a la otra mujer, y sé que sufre mucho; pero ella no cree que Dios vaya a castigar este pecado. He tenido celos terribles, y mucho dolor; pero siempre he puesto las necesidades de mi esposo y de su amiga antes que las mías. ¿Qué hago ahora? Por favor, ayúdeme. Estoy en el fondo de un abismo.

Linda

¿Alguna vez ha presenciado usted un problema de esta naturaleza en la vida de algún amigo o pariente? Si lo ha visto, ¿qué consejo le ha dado? ¿Piensa que Linda ha manejado apropiadamente la crisis? ¿Permitiría usted que su cónyuge trajera a su propia cama a otro amante, en un último intento desesperado por salvar su matrimonio que se derrumba? Los motivos de Linda parecen claros. Sabe que su esposo puede sencillamente dejarla si ella no se ajustaba a sus deseos en todo lo que sea posible, y tal vez su enredo con esa «hermosa divorciada» reventará y será echado al olvido si sólo ella pudiera evitar su actitud antagónica. Después de todo, ¿no dice la Biblia que «El amor es sufrido, es benigno; el amor no tiene envidia, el amor no es jactancioso, no se envanece; no hace nada indebido, no busca lo suyo, no se irrita, no guarda rencor» (1 Corintios 13:4, 5)? Asimismo, el amor «todo lo espera, todo lo soporta» (v. 7). ¿No es, por consiguiente, razonable que Linda se mantenga firme y que obedezca a su esposo infiel, esperando que ocurra un milagro? ¿Estaría usted de acuerdo con este enfoque del asunto? ¿Le diría acaso que debe divorciarse del holgazán y sacarlo de su vida? ¿O hay una tercera opción?

Basado en mis años de experiencia en consejo y orientación matrimonial, opino que la tolerancia y paciencia de Linda probablemente será fatal para su matrimonio, y que la persona que le dio el consejo a que ella hace referencia ha interpretado erróneamente la Biblia. Si ella se hubiera propuesto deliberadamente destruir lo que resta de su relación con su esposo, no podía haber hecho más de lo que ya ha hecho. A pesar de que comprendo su situación, y que no tengo ninguna intención de faltarle el respeto, Linda ya ha cometido varios errores fundamentales que han contribuido al presente desastre en que se halla su hogar.

El primer error de Linda fue no reconocer la amenaza que representaba una hermosa divorciada. Nunca debemos subestimar el poder de la química sexual que hay entre una mujer atractiva y necesitada, y virtualmente cualquier hombre sobre la faz de la tierra. El esposo de Linda de pronto se encontró entre las dos casas, para proporcionar cualquier servicio que la mujer encantadora pudiera desear, mientras que la esposa concluía: «Parecía que no había nada de malo.» ¿Que no lo había? Eso es lo mismo que si el granjero pensara que la zorra visita el gallinero debido a que disfruta de la compañía de las gallinas.

Linda cometió su segundo error después que observó que su matrimonio iba cuesta abajo. Aquel era un momento extremadamente importante en su relación, cuando una reacción apropiada de su parte hubiera sacado del precipicio a su mujeriego esposo. Pero lamentablemente, ella no estaba preparada para la tarea. Ella comenzó a acosarlo y a quejarse. ¡Cuán inadecuado y humano! Su esposo rápidamente se enamoró de «la otra», y la única reacción de Linda fue retorcerse las manos e insultarlo verbalmente. Tal reprimenda es tan eficaz para el cónyuge descarriado como lo es con un niño de dos años. ¡Simplemente ni siquiera la oye!

La clave en la siguiente fase de este relato es la palabra «miedo». Linda casi podía ver la escritura en la pared. Escribió la terrible palabra divorcio y desapareció. ¡Qué terrible para alguien cuya vida entera es su familia! Ella ya podía verse como la madre de tres hijos sin padre, batallando para sobrevivir económica y emocionalmente en un hogar solitario y destrozado. Además, estaba perdiendo al hombre que amaba con todo su corazón. Así como el miedo es irracional, también lo fue su reacción. Ella trajo a la otra mujer a su dormitorio, en un intento desesperado por ocupar aunque fuera un atestado rincón en el corazón de su esposo. ¡Qué craso error de juicio! Ella descubrió muy pronto el resultado inevitable: «lo único que logró fue que él se enamorara más de ella».

Lo mejor que puedo decirle a Linda en este punto es que todavía es posible salvar su matrimonio, pero no tiene ni un minuto que perder. Su esposo ha admitido que una chispa de amor todavía arde bajo las cenizas que se apagan («No quiere perderme, y dice que todavía nos ama a mí y a nuestros tres hijos»), y ella no debe apagarla. Un movimiento en falso, y él se irá para siempre. Él se halla en un estado de confusión, y se puede hacer que se incline hacia uno u otro lado; pero, ¿cómo puede Linda hacer que se incline en dirección a ella? Ella ya ha tratado todo lo que se le ha ocurrido, y nada ha dado resultado. ¿Qué puede hacer ahora? Si ella es como tantas otras personas del mundo actual, se quedará perpleja ante tal pregunta.

La frecuencia con que he visto problemas similares a la odisea de Linda y Rogelio es lo que me impulsó a escribir el libro que usted está leyendo. Me preocupa especialmente la persona que se halla en una relación que no es satisfactoria y a cuyo cónyuge no parece importarle nada esa situación. Permítame ser más específico. En cualquier matrimonio apático y angustiado, hay típicamente un cónyuge que está despreocupado por la distancia entre ellos, en tanto que el otro está preocupado hasta la ansiedad, o con miedo por la situación. El cónyuge despreocupado tal vez no se dé cuenta del peligro que corre su matrimonio, o tal vez no le importe. Por lo tanto, tal persona resiste cualquier esfuerzo de su cónyuge para lograr que busquen consejos y orientación, o incluso que conversen seriamente sobre sus dificultades. «No tenemos ningún problema serio», aducirá.

El cónyuge vulnerable, que bien puede ser cualquiera de los dos, pero con mayor probabilidad será *inicialmente* la mujer, se da cuenta de que algo valioso se va perdiendo poco a poco día tras día. Todo lo que es de valor está en precario equilibrio, y ella se despierta por las noches para contemplar el futuro. Piensa en los hijos que duermen ajenos a la tragedia que se avecina, y se pregunta qué va a ser de ellos. Busca el cariño y la atención de su cónyuge, y se deprime más al no recibirlo.

No estoy insinuando, por supuesto, que los matrimonios frágiles son culpa exclusiva de un sólo cónyuge, ni tampoco estoy acusando a hombres ni a mujeres. Los conflictos conyugales siempre implican la interacción entre dos seres humanos imperfectos, que comparten mutuamente cierto grado de responsabilidad. Sin embargo, generalmente uno de los cónyuges hará cualquier cosa procurando mantener unido el hogar, en tanto que el otro parecerá no tener mayor interés en la relación.

El libro que usted está leyendo está dedicado, por consiguiente, al miembro vulnerable de la familia, al cual puede considerarse la víctima en casos extremos. Esta es la única obra, hasta donde yo sepa, cuyo propósito primordial es ayudar a la persona que sufre a fortalecer y preservar su matrimonio, *aun cuando su cónyuge no esté dispuesto a preservarlo.* ¿Qué consejo podríamos darle a una mujer como Linda, cuyo esposo está enredado en una aventura amorosa, o a un hombre como Rogelio, cuya mujer parece despreciarlo, o a una mujer cuyo esposo es un alcohólico, un drogadicto o un violador de menores? ¿Qué le sucederá a la mujer que ama a su esposo, que también la ama a ella, pero que se preocupa por la ausencia de emociones románticas entre ellos? ¿Hay alguna manera de mejorar la relación sin tener que hostigar incesantemente a su esposo?

Casi todos los programas de orientación que hay para tales familias está diseñando para reunir dos personas que pueden ponerse de acuerdo por lo menos para conversar sobre sus problemas. Si la terapia se ofrece a uno solo de los cónyuges se dirige a fortalecer a aquel individuo para que pueda abrirse paso en la crisis y salir adelante, incluso solo si fuera necesario. Pero nuestro propósito es ayudar a uno de los cónyuges a aumentar al máximo las posibilidades de preservar su matrimonio, como en el caso de Linda, y sobrevivir hasta que la larga noche haya pasado. Es una empresa ambiciosa.

En el proceso de alcanzar a los miembros de la familia que están sufriendo, es mi deseo lograr mucho más. Los principios que describiré son pertinentes, no sólo para cónyuges en tiempos de crisis; son aplicables también a los matrimonios saludables. En realidad, quisiera que se pudieran enseñar a cada pareja comprometida y recién casada, en la alborada de su vida matrimonial. Habría menos divorcios amargos si los jóvenes esposos supieran cómo atraer a sus cónyuges descarriados, en lugar de alejarlos inexorablemente de sí mismos.

Los conceptos que voy a compartir con usted tienen incluso una aplicación mucho más amplia que la interacción entre esposos. Como veremos, también son pertinentes a todas las relaciones humanas, incluso a las relaciones entre empleados y patronos, padres e hijos, pastores y feligreses, empresarios y obreros, guardias y prisioneros, norteamericanos y rusos, y toda otra categoría de personas que tienen que relacionarse en algún momento. En otras palabras, describiré en los capítulos siguientes lo que considero conceptos universales, que atraviesan las barreras culturales, sexos, razas o circunstancias económicas.

¿Suena eso como un autor que les promete la luna a sus lectores? Los escritores tienen la tendencia de apreciar excesivamente el significado de sus puntos de vista. En la actualidad se publican libros que ofrecen todo lo imaginable, desde riqueza incalculable para los hombres hasta cuerpos perfectos para las mujeres. Desafortunadamente, tales escritores rara vez cumplen lo que prometen. Me hacen recordar al «profesor milagroso» del antiguo oeste norteamericano, que vendía el elixir de la vida en su carreta, y luego salía del pueblo… a toda carrera.

Con la esperanza de no caer en la misma trampa del «curalotodo», permítame decirle cómo me siento en cuanto a los conceptos que usted va a leer. Las perspectivas genuinas acerca de la conducta humana no son acontecimientos de todos los días; al menos no para mí. En realidad, si uno tropieza con dos o tres principios fundamentales en el curso de toda una vida, puede decir que le ha ido muy bien. Las páginas que siguen enfocan uno de los pocos que me ha tocado encontrar a mí. Lo he llamado el concepto de que *el amor debe ser firme*. No va a darle un cuerpo perfecto ni tampoco lo hará rico de la noche a la mañana, pero debe ayudarle a llevarse mejor con la gente que lo rodea.

2

Pánico y apaciguamiento

Sólo quienes han sido rechazados por un cónyuge, a quien de verdad aman, pueden comprender plenamente la oleada de sufrimiento que se estrella contra la vida de una persona cuando una pérdida amenaza con caerle encima. Ninguna otra cosa importa entonces. No hay pensamiento que pueda consolar. El futuro no tiene ni interés ni esperanza. Las emociones oscilan vertiginosamente desde la desesperación a la aceptación y viceversa. Si hubiera que seleccionar una palabra que describiera la experiencia, tendría que elegirse algo equivalente al *pánico*.

Como el pánico es la reacción típica al rechazo, ¡imagínese cuánto más dolorosa se siente la pérdida cuando un nuevo amante, quizá más joven, entra en la escena! *Nada* de la experiencia humana puede compararse con la extrema aflicción de saber que la persona a quien usted le ha prometido devoción eterna ha traicionado su confianza y está teniendo relaciones sexuales con un «extraño»… con un competidor… con una persona más hermosa o atractiva. La misma muerte sería más fácil de tolerar que el ser desechado como si uno fuera un zapato viejo. Quienes han atravesado por tal experiencia me cuentan que el aspecto más doloroso es su propia soledad, saber que su cónyuge infiel se consuela en el abrazo de otra persona. Desesperadamente necesitan el consuelo bíblico quienes descubren que el adulterio se ha alojado en sus hogares.

En ausencia de tal guía, una persona repudiada a menudo reacciona de una manera que empeora las cosas. Así como una persona que está ahogándose agota sus fuerzas haciendo intentos desesperados por agarrar cualquier cosa que flote, incluso al mismo que puede rescatarla, el cónyuge atacado por el pánico trata de aferrarse y encadenar al que procura escaparse. He presenciado ese escenario muchas veces. Las emociones cargadas al máximo suben y bajan en un torbellino de extremos.

Cuando se descubre que el matrimonio (o la relación premarital) se ha acabado, es casi seguro que la primera reacción sea de absoluta sorpresa e incredulidad. A esto sigue el llanto, los gemidos y el crujir de dientes; y eso a su vez da paso a la súplica y ruego por perdón y restauración. Cuando eso también es rechazado, entonces viene un período de negociación. La persona promete ser más amorosa, más considerada, dejar de trabajar o ir a trabajar según sea el caso, traer flores con más frecuencia, tener un hijo, o cualquier cosa que se piense que es importante para el cónyuge desencantado. Se hacen sugerencias de que ambos deben buscar orientación matrimonial, pero casi siempre la oferta es rechazada por quienes ya han tomado una decisión. Entonces, cuando las negociaciones demuestran ser inútiles, con frecuencia se entra en una etapa de ira, en la cual la víctima expresa tal vez todo pensamiento hostil y feroz que pueda albergar. Durante esa fase, el hombre puede amenazar con infligir heridas corporales a la que antes amaba; y algunas veces lo hace. Con o sin violencia, la hostilidad de esa terrible experiencia se ventila en un período de furia, que concluye con el agotamiento físico y emocional. Luego viene un breve período de aceptación, después del cual el dolor y la tristeza retornan como un visitante desagradable que no hace mucho había llegado a visitarlo. Por último, el ciclo vuelve a repetirse en un carrusel de miseria.

Continuaré incluyendo cartas que ilustran las circunstancias que estoy tratando de describir. Es la mejor manera de hacer que las palabras cobren vida. Son los pensamientos y las emociones de personas que han atravesado por las turbulentas aguas que he descrito. Marta es una de esas personas cuyo pánico la llevó a suplicar y a regatear con su esposo. Ella escribió:

Estimado doctor Dobson:

Le escribo con respecto a mi matrimonio. A principios de este año mi esposo me dio la mala noticia de que ya no me quería. Dijo que sus planes eran irse de casa pronto. Pues bien, le rogué y le supliqué que se quedara conmigo, y así lo hizo por un tiempo. Una noche me dijo cosas muy feas y crueles, y después se fue.

Desde que se fue, por alguna extraña razón, me humillo a mí misma cada vez que lo veo. Le suplico que llame a nuestros hijos y hable con ellos, y que me hable a mí también. Él me contesta: «No quiero hablar contigo.» Le digo que lo quiero mucho, y él me contesta: «No te quiero ni un poquito. No te odio, pero tampoco te quiero.» Todo eso duele mucho.

Le he pedido que vaya a ver a un consejero matrimonial, pero dice que no necesita ayuda de nadie. No tiene el menor interés en el matrimonio. Lo único que quiere es su libertad. Dice que va a irse a otro estado, donde puede conseguir un mejor trabajo en un negocio minero.

¿Cuál cree que sea el problema? Hemos estado casados por once años, y tenemos dos hermosos hijos. Lo raro es que nunca tuvimos ninguna pelea seria. Parece más bien que él lentamente se volvió contra mí, y ha cambiado de parecer en cuanto a ser mi esposo. ¿Ha visto usted algún caso parecido?

Ahora ha sucedido otra cosa horrible. Fui a ver a un médico recientemente, y me dijo que tendré que operarme de la vista, porque si no la puedo perder. Tengo que ir la próxima semana al hospital. No pude evitarlo, doctor Dobson. Llorando llamé nuevamente a mi esposo, pero él se mostró indiferente ante las noticias. Tranquilamente me preguntó si ya había hecho arreglos para el cuidado de los hijos, y si tenía quien me llevara al hospital. Le pregunté si él me podría llevar y quedarse en la sala de espera mientras me operaban. José vaciló por unos instantes, y luego dijo: «Está bien. Creo que puedo hacerlo.»

¿Qué debo hacer para que José vuelva a quererme? Vez tras vez me ha dicho que nada podría hacer que volviera a quererme como antes. He llorado y le he suplicado que vuelva a casa. Le he dicho que lo necesitamos muchísimo. Me he esforzado por tratarlo con cariño, pero eso tampoco ha servido de nada. Le he dicho que tengo miedo y que lo necesito sobre todo ahora, y él sólo contesta: «Lo lamento mucho: Ya es demasiado tarde.»

¿Acabaremos divorciándonos? José ya me lo ha pedido, pero yo me he negado. Todavía tengo esperanza de que podremos volver a juntarnos. Le he dicho eso, y él dijo: «¿No puedes meterte en la cabeza que nunca volveré a quererte?»

Solíamos hacer todo juntos, pero ahora todo se ha acabado. Continúo llamando a mi esposo porque si no lo hago él nunca me llama. El próximo lunes es día feriado; él no ha preguntado lo que los hijos y yo vamos a hacer, de modo que le pedí que pasara el día con nosotros. Casi con sarcasmo me dijo: «Si no tengo nada más que hacer…» ¿Debiera no prestarle atención? Si lo hago, nunca más lo volveré a ver.

Doctor Dobson, por favor, ayúdeme. Dígame qué debo hacer. ¡Quiero tanto a José!

Marta

Aun cuando entiendo la compulsión que lleva a Marta a suplicar la atención y el cariño de José, ella está sistemáticamente destruyendo el último rayo de esperanza de una reconciliación. Ella se ha despojado de toda dignidad y respeto propio humillándose servilmente como se arrastra un perro ante el amo. Cuanto más insolente se porta José, desdeñando sus insinuaciones, tanto más intensamente parece ella quererlo. Esa es, en realidad la manera en que funciona el sistema.

El mensaje que Marta le está dando a su esposo puede resumirse de la siguiente manera: «José, te necesito desesperadamente. No puedo vivir sin ti. Paso mis días esperando que me llames, y me siento desolada cuando el teléfono no suena. ¿Me harías el enorme favor de hablar conmigo de cuando en cuando? Como puedes ver, José, te recibiré de cualquier manera en que pueda tenerte; aun cuando quieras pisotearme como si fuera la alfombra. Sin ti estoy desesperada.»

Linda, la de la carta mencionada en el primer capítulo, le ha dado exactamente el mismo mensaje a su esposo infiel. En su caso, sin embargo, el miedo incluso la llevó a invitar a la otra mujer a su propio dormitorio. ¡Qué lamentable expresión del pobre concepto de sí misma! Mi corazón sufre por ella, y por los millones de personas que enfrentan tragedias similares.

Linda y Marta nos llevan a un principio de las relaciones humanas extremadamente importante y bien conocido: *el pánico a menudo conduce al apaciguamiento, el cual prácticamente jamás tiene éxito cuando se trata de controlar la conducta de los demás.* En realidad, con frecuencia conduce directamente a la guerra, bien sea entre esposos o entre naciones antagónicas. Los intentos de una de las partes por «comprar» al agresor u ofensor parecen representar propuestas de paz; pero sólo consiguen precipitar más insultos y conflictos. La segunda guerra mundial pudo haberse evitado, y cincuenta millones de vidas no se hubieran perdido, si el primer ministro británico Neville Chamberlain y otros líderes hubieran entendido la futilidad del apaciguamiento entre 1935 y 1936. Cada vez que le ofrecieron a Adolfo Hitler otra Checoslovaquia para aplacar su deseo de dominio, lo único que consiguieron fue alimentar su desdén por ellos y sus ejércitos. Hitler interpretó sus anhelos ardientes de «paz en nuestro tiempo» como debilidad y miedo, y eso le incitó a una mayor audacia. Por último, se hizo necesario librar lo que Winston Churchill llamó la guerra más fácil de evitar de los tiempos modernos. A eso conduce el apaciguamiento, ya sea que se trate de los asuntos de las naciones o de cuestiones del corazón.

En el caso de Linda, su esposo amenazó con divorciarse si no lo dejaba que tuviera sus relaciones extramaritales en su mismo dormitorio. Eso fue no sólo una forma cruel de chantaje, sino también una prueba de la seguridad en sí misma y respeto propio de ella. Ella no pasó la prueba.

Permítaseme dejar bien en claro que mi oposición al apaciguamiento matrimonial —es decir, esa reacción sin defensa, suplicante— no tiene nada que ver con el orgullo. Si despojarse de la dignidad de uno preservara un matrimonio, aprobaría con entusiasmo tal conducta. Desafortunadamente, lo opuesto es la verdad. *Nada* destruye una relación romántica más rápidamente que la acción de una persona que se postra, llorando y aferrándose, a los pies del cónyuge frío para suplicar misericordia. Eso hace que el cónyuge descarriado desee aun más intensamente escaparse de la sanguijuela que amenaza chuparle hasta la sangre misma. Tal vez sienta compasión por el cónyuge herido y desearía que las cosas fueran diferentes, pero muy rara vez puede obligarse a sí mismo a amar bajo tales circunstancias.

Tal vez usted pueda ahora comprender por qué disiento fuertemente con los líderes cristianos que recomiendan a los cónyuges rechazados que sonrían cuando ocurre el rompimiento o la infidelidad, y que actúen como si nada hubiera ocurrido. Ese consejo es característico de quienes escriben libros para mujeres en la actualidad. Recomiendan: «Sencillamente continúe amando a su hombre, señora; y tarde o temprano él volverá a sus cabales.» Como usted recordará, aquel consejo le fue dado a Linda por un autor equivocado que le prometió: «Dios no permitirá que nada malo le ocurra mientras usted tenga una actitud sumisa.» Eso es nada más que optimismo idealista cual jamás he escuchado.

Creo firmemente en el concepto bíblico de sumisión, según se describe en la Epístola a los Efesios y en otras porciones de las Escrituras. Pero hay una vasta diferencia entre ser una mujer segura de sí misma y sumisa espiritualmente, y en ser alguien que sufre sin protestar. Es más, contener en el interior de uno mismo toda la tristeza y ansiedad que genera un matrimonio que se está desintegrando es terriblemente destructivo para los órganos internos. Todo lo imaginable, desde alta presión arterial hasta úlceras, e incluso cáncer, puede resultar de la tensión que no se ventila.

Los matrimonios que tienen éxito descansan sobre un cimiento de *pedirse cuentas entre esposos*. Cada uno refuerza en el otro una conducta responsable mediante un sistema divinamente inspirado de frenos y equilibrios. En ausencia de este sistema, una de las partes puede desviarse hacia el insulto, el maltrato, la acusación y el ridículo, mientras que su víctima plácidamente se limpia las lágrimas y murmura con una sonrisa: «Gracias. Lo necesitaba.»

3

La trampa tierna

Espero que hayamos conseguido documentar tres conclusiones hasta aquí:

1. El conflicto marital (y extramarital) típicamente involucra a un cónyuge que se preocupa mucho por la relación, y el otro que es mucho más independiente y seguro.
2. A medida que el romance comienza a deteriorarse, el cónyuge vulnerable se inclina al pánico. Reacciones características de ello son el sufrimiento, el ataque, la súplica, el ruego y un esfuerzo por atar o encadenar al otro; o también pueden ser precisamente lo opuesto, incluso el apaciguamiento y la pasividad.
3. En tanto que esas reacciones son naturales y comprensibles, muy rara vez tienen éxito para reparar el daño. En realidad, tales reacciones por lo general son contraproducentes, y destruyen la relación que la persona amenazada está tratando desesperadamente de preservar.

En el capítulo previo exploramos los temores y las tristezas que reverberan en la mente del cónyuge rechazado. Ahora demos el siguiente paso, observando al cónyuge que se está descarriando. Para poder rescatar a tal persona del borde del precipicio en que se encuentra, necesitamos entender las fuerzas que operan desde adentro. ¿Qué piensa usted que empuja a un hombre o a una mujer a terminar su matrimonio? ¿Cuáles son los pensamientos típicos del que rechaza el amor incondicional que se le ofrece en casa? ¿Qué secretos hay en lo profundo del alma de la mujer que se enreda en amoríos con su jefe o del hombre que decide irse detrás de aquella con quien flirtea en la oficina? ¿Es el deseo de una nueva emoción el único estímulo o hay otras motivaciones más fundamentales que operan subrepticiamente?

He observado que el deseo por la fruta prohibida es a menudo algo incidental a la causa verdadera del deterioro marital. Mucho antes que se tome la decisión de «enredarse con otra o con otro», o de dejar al cónyuge, algo básico ha comenzado a cambiar en la relación. Muchos libros sobre el tema echan la culpa al fracaso en la comunicación, pero no estoy de acuerdo. El que no se puedan hablar es síntoma de un problema más serio, pero no es la causa. El elemento crítico es la manera en que un cónyuge comienza a percibir al otro y a su vida juntos. Es algo sutil al principio, y con frecuencia ocurre sin que ninguno de los dos cónyuges se dé cuenta del desvío. Pero a medida que el tiempo pasa, un individuo comienza a sentirse atrapado. Esa es la palabra clave: *atrapado*.

En las etapas más avanzadas, el hombre mira a su esposa (el género de la persona es intercambiable en toda esta discusión) y piensa algo así como lo siguiente: «Miren a Juana. Antes era muy bonita. Ahora ha ganado siete kilos y ya no me atrae. También me molesta su falta de disciplina en otros aspectos: la casa está siempre desordenada, y ella parece andar totalmente desorganizada. Detesto admitirlo, pero en realidad cometí una terrible equivocación en mi juventud cuando decidí casarme con ella. Ahora tengo que pasar el resto de mi vida —¡quién lo creyera!—, todos los años que me quedan por delante, atado a una persona que no me interesa en lo más mínimo. Por supuesto que sé que Juanita es una buena mujer, y no quiero lastimarla por nada en el mundo, pero, ¿a esto llaman vida?»

Juanita puede estar pensando también por su parte: «Miguel, Miguel, eres diferente de lo que pensé cuando te conocí. En esos días parecías tener tanto entusiasmo y energía. ¿Cómo llegaste a ser tan aburrido? Trabajas demasiado y estás muy cansado cuando llegas a casa. Ni siquiera puedo lograr que converses conmigo, mucho menos que me traslades al éxtasis… Mírenlo allí, durmiendo en el sofá con la boca abierta. Quisiera que no estuviera perdiendo el pelo. ¿Voy realmente a invertir el resto de mi vida junto a ese hombre que envejece? Nuestros amigos ya no lo respetan, y él no ha recibido ninguna promoción en la fábrica por más de cinco años. No llegará a ninguna parte, y me está arrastrando consigo.»

Si los dos, Juanita y Miguel, se sienten atrapados, es obvio que su futuro como esposos se encuentra en serio peligro. Pero mi punto es que la situación típica es unilateral. *Uno* de los cónyuges comienza a rumiar tales pensamientos, sin revelar al otro cómo ha cambiado su percepción. Una persona compasiva simplemente no le cuenta a que lo quiere todos esos pensamientos perturbadores. En lugar de eso, su conducta comienza a cambiar de manera inexplicable.

Tal vez las reuniones nocturnas de negocios se hacen más y más frecuentes, con tal de estar fuera de casa todo el tiempo posible. Quizás se vuelva irritable, o «sumido en sus pensamientos», o menos comunicativo. Tal vez se sumerja en las trasmisiones deportivas de la televisión, o se vaya a pescar, o a jugar dominó con los amigos. Tal vez provoque continuas peleas sobre asuntos insignificantes. Por supuesto, es posible que se vaya de casa o que encuentre una mujer más joven con quien pasar el tiempo. Una mujer que se siente atrapada revelará su desencanto en similares maneras indirectas.

Examinemos una carta de una mujer cuyo esposo obviamente se siente encerrado en su matrimonio. No le ha pedido el divorcio; pero podemos darnos cuenta de lo que sucede por lo que nos dice la esposa.

Estimado doctor Dobson:

He estado casada por veintiún años, y toda la vida ha sido una continua pelea. Mi esposo se interesa en sólo una cosa: salir adelante. Trabaja en dos empleos, siete días a la semana. Sé que quiere mucho a nuestros cuatro hijos, pero no tiene tiempo para ellos, o si no, se halla demasiado exhausto para prestarles la menor atención.

Nuestra relación es árida. Mi esposo jamás (¡y quiero decir *jamás!*) se me ha acercado físicamente para darme un abrazo, un beso o una caricia, pero «se deja llevar por la corriente» si soy yo quien lo inicia. Anhelo penetrar en su cabeza y en su corazón, y descubrir cómo se siente; pero sencillamente él no habla de sus asuntos personales.

Fuimos a ver a un consejero matrimonial hace algunos años, cuando casi nos separamos, y pensé que realmente nos estaba ayudando. Juan no estuvo de acuerdo. Dijo que el consejero era un «inservible», y que todo era «un desperdicio de dinero». Ahora dice que prefiere ver a un abogado de divorcios que hablar con un consejero matrimonial.

He estudiado 1 Pedro 3 (en cuanto a la sumisión), hasta agotarme el cerebro. He practicado esos principios lo mejor que he podido. ¿Cuál ha sido la reacción de Juan a mis esfuerzos? Ahora *espera* que yo esté siempre alegre y cariñosa, sin importar cómo me trate. ¿Debo aceptar para siempre a este hombre sin cariño o hay esperanza de que cambie? Él disfruta humillándome.

Lo quiero, aun cuando en ocasiones me enfado tanto que hasta pienso que lo odio. Él simplemente se retrae. ¿Tiene usted alguna sugerencia, o libros, o casetes, que me pudieran ayudar? Juan no leerá nada si se lo doy yo.

Muchas gracias por su ayuda.

Nancy

¿Se podría decir más claro? Aquí tenemos a un hombre que obviamente no tiene ningún respeto por su esposa, que la trata como si fuera un hijo que no se deseaba. Apostaría que él quisiera hallar una manera aceptable de desligarse de sus obligaciones y compromisos. Por otra parte, oímos a una mujer despojada emocionalmente que pregunta: «¿Qué tiene este hombre en su cabeza? ¿Por qué es tan frío y alejado?» ¿La respuesta? Él se siente atrapado.

El deseo intenso de escaparse de un matrimonio puede aparecer en el primer día de la luna de miel o cincuenta años después. Para los hombres, este es el principal ingrediente de la crisis de la edad madura. Pero estos sentimientos de hallarse encadenado no son de ninguna manera exclusivos de los hombres. En las mujeres, por regla general (aunque no siempre), ocurren en respuesta a una relación nada romántica que se niega a dejarse estimular. Una mujer puede tratar por años de «alcanzar» a su esposo, suplicar su atención, acosarlo cuando él no le hace caso, y luego gritar dentro de sí: «¡Ayúdenme! ¡Estoy asfixiándome en este matrimonio sin ningún amor! ¡Que alguien me ayude a salir de esto!»

Lo triste es que ese cónyuge atrapado, que lucha contra el impulso de salir corriendo, rápidamente se hunde más y más en cierta forma de arena movediza matrimonial. ¿Por qué? Porque cuanto más batalla procurando librarse (o siquiera conseguir un poco de espacio para poder respirar), más y más su cónyuge, presa del pánico, se aferra a su cuello. Incluso interpreta las fluctuantes emociones del cónyuge rechazado como intentos de aferrarse a él y mantenerlo encadenado. Por ejemplo:

La reacción del dolor: «Por favor, no me lastimes. Ven y suple mis necesidades.»

La reacción de la ira: «¡Vuelve a tu puesto, grandísimo tonto! ¡Cómo te atreves a querer abandonarme!»

La reacción de la culpa: «¿Cómo puedes hacernos eso a mí y a los hijos?»

La reacción del apaciguamiento: «Di lo que quieres, y lo tendrás. Pero no me dejes, por favor.»

La reacción de la actitud servil: «No me importa lo que hagas, seguiré sonriendo porque eres mío.»

El denominador común de todas esas variadas reacciones es la trampa. Cada una restringe la libertad del cónyuge menos interesado. Para quien padece del síndrome de sentirse atrapado, el amor se convierte en una obligación antes que en un maravilloso privilegio. Tal vez ahora sea obvio por qué la reacción natural del cónyuge asustado aleja todavía más al cónyuge frío; cuanto más este se aleja de la relación, tratando de ganar algo del espacio que desea, tanto más se aprieta el lazo que lo ata. Algunas veces llega a sentir hasta claustrofobia, en su desesperado esfuerzo por respirar, por aflojar el lazo que le aprieta el cuello. Tal vez hasta recurra a la infidelidad como un medio de escaparse de las garras de su cónyuge.

Intentaré expresar más gráficamente este importante concepto. A menudo lo he explicado a los que he aconsejado, utilizando las manos de la siguiente manera:

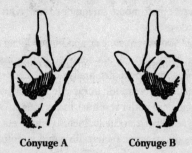

Cónyuge A   Cónyuge B

Los cónyuges A y B deciden casarse y vivir felices para siempre. En algún punto, sin embargo, el cónyuge B comienza a sentirse atrapado en la relación. Su cónyuge lo ofende y lo fastidia de diversas maneras, y él comienza a sentir resentimiento contra aquellas palabras comprometedoras: «hasta que la muerte nos separe».

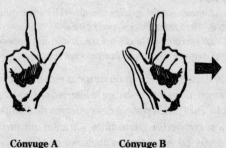

Cónyuge A   Cónyuge B

Para resolver ese sentido de encarcelamiento —restricción de libertad— el cónyuge B gradualmente se mueve hacia la derecha, alejándose del cónyuge A.

Cónyuge A   Cónyuge B

El cónyuge A observa que el cónyuge B comienza a alejarse, y reacciona con alarma. Su impulso es perseguir al cónyuge B, acortando aun más el espacio que los separa.

Cónyuges A y B

El cónyuge B hace intentos más obvios por huir, pero en un momento de desesperación el cónyuge A se abalanza sobre el cónyuge B y se aferra a él con todas sus fuerzas. El cónyuge B lucha por librarse, y saldrá al escape en el momento en que logre zafarse.

Cónyuge A

El cónyuge A entonces se hunde en la soledad, preguntándose cómo algo tan hermoso pudo haberse tornado en algo tan amargo.

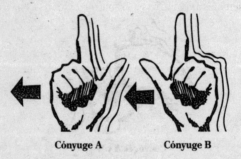

Cónyuge A   **Cónyuge B**

Sin importar que el sentido común nos diga lo contrario, la mejor posibilidad que tiene el cónyuge A para atraer y retener a su esposo sofocado, es retirarse ligeramente, dándole libertad al cónyuge B, y dándose respeto propio en el proceso. Curiosamente, el cónyuge B a menudo se acerca al cónyuge A cuando esto ocurre.

Todos hemos observado esa necesidad de «espacio» en las relaciones humanas; pero el concepto es todavía difícil de comprender cuando se trata de nosotros mismos o de nuestros seres queridos. El próximo capítulo explicará el porqué.

4

Amor joven, verdadero amor

Hemos considerado principios psicológicos que pudieran parecer imprecisos y esotéricos cuando se consideran en términos de adultos. Los adultos tienen una manera de esconder sus emociones y sentimientos, incluso de sí mismos. Quizás estos conceptos serán más evidentes en la transparencia de la juventud temprana. ¿Se acuerda usted que en los días de su juventud la tarea de atraer a una presa preferida requería cierta reserva, una apariencia de indiferencia y calma? De los amigos de nuestra edad, quienes tenían más éxito en sus conquistas amorosas eran los que sabían cómo parecer desinteresados, cómo flirtear sin dar la apariencia de necesitar a la persona que deseaban conquistar. Por el contrario, quienes nunca tenían éxito eran los jóvenes y las señoritas desesperadas que inevitablemente se convertían en personas posesivas y exigentes.

Los adolescentes de hoy emplean un lenguaje diferente para describir sus fracasos románticos; pero las reglas del juego no han cambiado. Las peleas amorosas típicamente incluyen una «enredadera» que se corta, y un «roble» que no se deja estremecer por la tormenta.

Pero, ¿quiénes son esos jóvenes y esas muchachas que parecen tan independientes y seguros? ¿Encuentran satisfacción en hacer pedazos a sus enamorados y enamoradas anteriores? La mayoría no. Simplemente son individuos centrados en sí mismos, que les encanta perseguir pero que detestan ser atrapados. Se lanzan de lleno a la cacería mientras el asunto sea novedoso y desafiante. Pero su interés se derrite cuando alcanzan su objetivo y atrapan la presa. De repente se cambian los papeles. Son necesitados —poseídos— y se depende de ellos. Se les exige lealtad, servicio y compromiso. Por lo tanto, su única pasión es escaparse y conseguir la libertad.

Una de las razones por las cuales me resultan familiares esas características de un amor joven es porque tengo muy buena memoria. Me parece apenas ayer que mi esposa y yo estábamos jugando al gato y al ratón. En un capítulo subsecuente describiré cómo la mantuve casi por dos años adivinando mis sentimientos, e incluso rompí la relación en una ocasión o dos. Si eso parece cruel para una hermosa y frágil estudiante universitaria, déjeme decirle que Shirley había roto más corazones que el mismo Barbanegra. Cuando era adolescente, le interesaban los muchachos sólo hasta el momento en que los conquistaba. Entonces dejaba caer la cortina. Detrás de ella quedaron innumerables héroes adolescentes caídos, que cometieron el error de tratar de exigirle su fidelidad. No tardaron mucho en oír que «la puerta se cerraba», y que ella ya había salido.

Un joven llamado Stanley, tomó muy en serio la noticia de su rompimiento. Él y Shirley habían estado sentados en su automóvil, a la orilla de un parque, cuando cursaban el último año de la escuela secundaria. Después que ella le dijo que habían terminado, Stanley se quedó contemplando fijamente por algunos minutos los adornos de felpa que colgaban del retrovisor. Entonces saltó del automóvil y desapareció en la oscuridad de la noche. Shirley no tenía ni la menor idea de a dónde había ido, o si iba a regresar. El regresó como diez minutos más tarde, con una mano envuelta en un pañuelo lleno de sangre, diciéndole que había desahogado su ira destrozando un árbol. ¡Las alegrías y las tristezas de la juventud!

El romance de los adolescentes a menudo les parece humorístico a los adultos, porque las pasiones son tan crudas y sin ningún disfraz. Supongo que por eso disfruto oyendo las palabras de los cantos que en la actualidad son populares entre la juventud.

Los jóvenes están enamorados de una imagen, de una

ilusión. Cuando se ve el amor joven en esta perspectiva, no es de sorprenderse que el cincuenta por ciento de los matrimonios entre jóvenes de menos de veinte años de edad termina en divorcio antes que pasen cinco años.

Casi no hay duda de que el romance de los jóvenes adolescentes es típicamente egoísta e introspectivo; palidece y se amilana cuando se le pide que sacrifique algo, o que contribuya o que dé.

La madurez debe traer mayor estabilidad a sus relaciones con el sexo opuesto. Pero permítame destacar un punto de extrema importancia, y de pertinencia para todos nosotros: las relaciones románticas adultas continúan llevando muchas de las características de la sexualidad del adolescente. Diferimos del joven sólo en cuestión de grado, y siempre reflejaremos los rudimentos de las actitudes y valores sexuales de la juventud. A los adultos todavía les encanta la emoción de la conquista, el atractivo de lo inalcanzable, la emoción de lo novedoso y el hastío de lo viejo. Alguien escribió: «Los hombres aman a las mujeres mientras son enigmáticas.» Eso es cierto. En el amor comprometido, por supuesto, esos impulsos inmaduros son controlados y reducidos al mínimo; pero existen de todas maneras, sobre todo en los hombres. Es más, el deseo de «tener espacio para respirar», que era típico en los años de la adolescencia, será una característica que los acompañará toda la vida, tanto como lo será la necesidad de sentirse afortunados de haber «conquistado» a la persona con quien se casaron.

Inversamente, en el matrimonio donde no se ha preservado el misterio y la dignidad en la relación, o donde uno de los cónyuges se aferra al otro con desesperación, la pareja enfrenta un serio déficit. Toda la energía emocional fluye en un solo sentido, lo que de seguro agota las reservas y los recursos. Eso es precisamente lo que ocurre cuando un cónyuge inseguro comienza a fastidiar al otro. Incluso si nunca se da la amenaza de infidelidad y abandono, la súplica de uno de los cónyuges pidiendo afecto y atención del otro sirve sólo para crear un cortocircuito en la atracción eléctrica entre ellos. Una vez que el proceso comienza a decir «¡Tú me perteneces!», se acaba el juego. El equipo de casa pierde.

La libertad humana es valiosa, y reaccionamos con decisión contra los que quieren restringirla o arrebatárnosla. Ni siquiera una persona que nos ama puede privarnos de la libertad que Dios nos ha dado, *a menos que nosotros la rindamos voluntariamente.* En realidad, ni siquiera Dios intentaría quitárnosla. Si alguna vez usted se acerca a Él en una relación de amor, le garantizo que será por elección suya propia y ninguna coacción de parte de Él. ¡El amor no sólo *debe ser firme,* sino que también debe ser libre!

Si un hombre y una mujer no le dan suficiente importancia en su vida al compromiso que hay entre ellos, se marchitará como una planta sin agua. Todo el mundo sabe eso. Sin embargo, muy pocas personas que se quieren parecen darse cuenta de que la dependencia extrema es igualmente mortal para la familia. Se ha dicho que la persona que menos necesita del otro siempre será la que controla la relación. Pienso que eso es verdad.

Retornando a las cartas de Linda y de Marta, podemos comenzar a ver lo que probablemente estuvo mal durante el tiempo de pánico. No estoy tratando de echar sobre esas mujeres la culpa de que los esposos las hayan abandonado. Su único delito fue amar a sus respectivos esposos. Pero es más que probable que cada una jugó inadvertidamente una parte en el conflicto, primero negándole suficiente espacio a sus esposos egocéntricos, y finalmente apretándoles el cuello cuando ellos trataron de escaparse. Debe de haber una manera más eficaz de atraer a los amantes fríos al calor del corazón.

5

Abra la puerta de la jaula

Cuando los casados descubren que avanzan como bólidos hacia el divorcio, algunas veces recurren a consejeros matrimoniales, ministros, psicólogos y psiquiatras, tratando de capear la tormenta. Los consejos que reciben con frecuencia implican cambios en la manera en que los dos cónyuges se relacionan mutuamente día tras día. Tal vez reciban la sugerencia de que reserven una noche cada semana para salir solos, o que modifiquen sus hábitos sexuales o su estilo de vida de trabajo excesivo. Tales consejos pueden ser útiles para restablecer la comunicación y la comprensión entre dos personas heridas y desilusionadas; pero pueden ser insuficientes para salvar un matrimonio que agoniza. ¿Por qué? Porque el consejo está dirigido a asuntos superficiales.

En la mayoría de los matrimonios con dificultades hay un problema básico tras esas irritaciones relativamente menores. Implica la manera en que uno de los cónyuges ha comenzado a percibir al otro, como ya se ha descrito. Expresándolo en términos materialistas, se diría que es el valor que un ser humano le atribuye a otro. Ese valor, que se le asigna, queda incorporado en la palabra respeto, y es absolutamente fundamental para todas las relaciones humanas.

La manera en que nos conducimos día tras día es mayormente una función de cómo respetamos o dejamos de respetar a las personas que nos rodean. El modo en que los empleados se desempeñan es un producto de la manera en que perciben a su jefe. La manera en que los hijos se conducen es resultado del

respeto que les tienen a los padres. La manera en que las naciones coexisten es atribuible al respeto que se tienen mutuamente.
La manera en que los esposos se relacionan es una función de su
mutuo respeto y admiración. Por eso la desavenencia conyugal
casi siempre emana de una falta de respeto en alguna parte de la
relación. Ese es el fondo de toda confrontación romántica.

Lo que hemos tratado de describir son los cambios gradua-
les en la percepción —el sutil deterioro de la actitud— que precede el conflicto matrimonial. Un joven y una muchacha, con ojos
entornados por el ensueño, deciden casarse debido a que cada
uno percibe al otro casi con reverencia, en profundo respeto. Si
escogen permanecer casados por toda la vida, será porque se ha
mantenido esa actitud positiva o, a falta de ella, debido al simple
poder del compromiso. De cualquier manera, la calidad de su relación será un producto directo de su mutuo respeto a través de
los años.

Tal vez ahora sea evidente a dónde nos conduce la presente
línea de razonamiento. Si hay alguna esperanza para los matrimonios agonizantes que hemos examinado, y creo que la hay, lo
más probable es que se hallará en la restauración del respeto entre los cónyuges en conflicto. ¿Puede quedar duda de que el esposo de Linda no tiene el menor respeto por su esposa? De todas
las formas de desdén que un individuo puede mostrar por otro,
no hay ninguna más profunda que la infidelidad desvergonzada.
Eso es el colmo en los asuntos humanos. Aun cuando Marta y
Nancy todavía no son víctimas de la infidelidad de sus cónyuges,
el problema fundamental es el mismo. Sus esposos se sienten
atrapados en una relación sofocante con mujeres a las cuales no
les tienen el menor respeto.

Regresamos ahora a la pregunta con que comenzamos: ¿Qué
se puede hacer para preservar esos tres matrimonios, y los otros
millones que ellos representan? *¡La respuesta requiere que el cónyuge vulnerable abra la puerta de la jaula y deje salir al cónyuge
atrapado!* Todos los artificios para retenerlo deben cesar de inmediato, incluso el sufrimiento, la ira o la culpa que se usan para ma-
nipular a las personas, y también el apaciguamiento. La súplica,

el ruego, el dejarse llevar como un trapo para limpiar el suelo, el llanto y el retorcerse las manos son igualmente destructivos. Pueden haber ocasiones y lugares en que deban expresarse las emociones fuertes, y tal vez haya lugar para la tolerancia callada. Pero no deben usarse esas reacciones como medios de persuasión para encadenar contra su voluntad al cónyuge que se está alejando.

Si usted se encuentra en desesperada necesidad de este consejo, preste mucha atención en este punto: estoy completamente seguro de que usted ni siquiera hubiera soñado en usar estos métodos coercitivos durante los días de enamoramiento y cortejo, para convencer a su novio o novia a que se casara con usted. Usted tuvo que atraerla, seducirla a que lo siguiera, enamorarla, estimularla. Este juego sutil del cortejo tuvo que suceder un delicado paso a la vez. ¿Se imagina usted lo que habría ocurrido si hubiera estallado en copioso llanto, y con violencia se hubiera abrazado apretadamente al cuello de su novio o novia, diciéndole: «¡Me moriré si no te casas conmigo! Mi vida entera no vale nada si tú no estás conmigo. ¡Por piedad! ¡Por favor, no me dejes!»?

Semejante forma de acercarse a un posible cónyuge es casi tan desastroso como lo sería para un vendedor de autos usados. ¿Qué piensa usted que lograría si, llorando a lágrima viva, le dice a un posible cliente: «Por favor, compre este automóvil. Necesito el dinero con desesperación, y sólo he vendido dos autos hoy. Si usted no me compra este, sólo me queda pegarme un tiro»?

La analogía es ridícula, por supuesto, pero hay una similitud en ella. Cuando alguien se ha enamorado de una persona que usted quiere que sea suya, lo que hace es intentar «venderse usted mismo» a esa otra persona. Sin embargo, al igual que el vendedor de autos, no puede ni debe privar al comprador de su libre elección en el asunto. En lugar de ello, debe convencer al cliente que la compra vale la pena. Si nadie compra un automóvil sólo para aliviar el sufrimiento del vendedor, cuánto menos probable es que alguien dedique su vida entera, simplemente por benevolencia, a alguien a quien no ama. Nadie es tan altruista. Dios nos permite seleccionar, en el curso de nuestra vida, a sólo una persona con la cual invertir todo lo que poseemos, y pocos estamos dispuestos a perder esa oportunidad con alguien de quien simplemente nos compadecemos. En realidad, es muy difícil amar románticamente a una persona y compadecerse de ella al mismo tiempo.

Apliquemos este concepto a la vida matrimonial. Si rogar y suplicar son métodos ineficaces para atraer a la persona del sexo opuesto durante los días del cortejo, ¿por qué las víctimas de un mal matrimonio emplean los mismos subterfugios humillantes tratando de retener al cónyuge que se aleja? Lo único que están haciendo es ahondar la falta de respeto de parte de aquel que quiere escaparse. En lugar de eso, lo que debieran es darle a entender su propia versión del siguiente mensaje, cuando se presente la ocasión apropiada:

Juan, he atravesado momentos muy difíciles desde que decidiste dejarme, como ya lo sabes. Mi amor por ti es tan profundo que sencillamente no podía enfrentar la posibilidad de una vida sin ti. Para una persona como yo, que esperaba casarse una sola vez y permanecer en ese matrimonio por toda la vida, es un golpe muy severo ver que nuestra relación se desintegra. Sin embargo, he hecho un examen profundo de mí misma, y ahora me doy cuenta de que he estado tratando de retenerte contra tu voluntad. Eso simplemente no puede hacerse. Al reflexionar en nuestros días de enamorados, y en los primeros años juntos, recuerdo que te casaste conmigo por decisión libre y propia tuya. No te retorcí el brazo ni te soborné. Fue una decisión que tomaste sin ninguna presión de parte mía. Ahora tú dices que quieres librarte de este matrimonio y, obviamente, tengo que dejarte ir. Estoy consciente de que no puedo obligarte ahora a que te quedes conmigo más de lo que podía haberte obligado a que te casaras conmigo. Eres libre de marcharte. Si nunca me vuelves a llamar, aceptaré tu decisión. Admito que toda esta experiencia ha sido muy dolorosa, pero saldré adelante. El Señor ha estado conmigo hasta aquí, y Él irá conmigo en el futuro. Tú y yo hemos tenido momentos maravillosos, Juan. Tú fuiste mi primer amor, y nunca olvidaré los momentos que hemos compartido. Oraré por ti y confío en que Dios te guiará en los años por venir.

Lentamente, casi sin poder creerlo, el cónyuge enjaulado observa que la puerta de la jaula comienza a vibrar un poco, y luego comienza a abrirse. No puede creerlo. Ahora lo deja libre esa persona a la cual se sentía encadenado de manos y pies por años. Ya no es necesario batallar para librarse de sus insinuaciones que lo encadenan.

«Pero debe haber gato encerrado —piensa—. Es demasiado bueno para ser verdad. Las palabras salen fácilmente. Eso es nada más que otro truco para retenerme. En una o dos semanas volverá a llamar por teléfono llorando y suplicándome que vuelva a casa. Ella es débil, y se doblegará otra vez por las presiones.»

Es mi recomendación más fuerte que usted, el cónyuge rechazado, le demuestre que está completamente equivocado en tal conclusión. Déjelo que se rompa la cabeza por unas cuantas semanas preguntándose como le irá a usted. Sólo el transcurso del tiempo le convencerá de que usted hablaba en serio, de que él realmente es libre. Él puede hasta tratar de someter a prueba su decisión durante este tiempo mediante gran hostilidad e insultos, y flirteando con otras. Pero una cosa es cierta: estará vigilando en busca de señales de fortaleza o debilidad. Los vestigios del respeto penden de un hilo.

Si el cónyuge más vulnerable pasa la prueba inicial y convence al otro de que su libertad es segura, comenzarán a ocurrir algunos cambios muy interesantes en su relación. Cada situación es única, y estoy simplemente describiendo reacciones típicas; pero estos sucesos son extremadamente corrientes en las familias que hemos observado. La mayoría de las excepciones representan variaciones del mismo tema. Tres consecuencias distintas pueden esperarse cuando una persona que anteriormente era «posesiva» deja libre al cónyuge frío:

1. El cónyuge atrapado ya no siente que sea necesario luchar contra el otro, y su relación mejora. No es que el amor haya

renacido, necesariamente, pero la tensión entre los dos cónyuges a menudo se reduce.

2. A medida que el cónyuge frío comienza a sentirse libre otra vez, la pregunta que se había estado haciendo cambia. Después de haberse estado preguntando por semanas o meses: «¿Cómo puedo zafarme de esta cadena?», comienza a preguntarse: «¿Quiero realmente zafarme?» El hecho de saber que puede salirse con la suya a menudo le quita el incentivo de querer realizarlo. Algunas veces le hace darse una vuelta de ciento ochenta grados, y le trae de regreso al hogar.

Permítame ilustrar en otra manera el efecto de esa segunda consecuencia. ¿Alguna vez sintió un ataque de risa por algo cómico que vio, mientras asistía a algún banquete formal, un culto en la iglesia o un funeral, donde hubiera sido humillante reírse? El simple hecho de no poder siquiera reírse le hizo retorcerse y esforzarse para no lanzar la risotada. Eso me ocurrió una vez, cuando asistía a un culto en la capilla de la universidad, hace muchos años. Me sentía con ánimo juguetón, y coloqué una bolita de papel de aluminio en mi rodilla. Intentaba dispararla como a veinte filas de bancos hacia adelante. En lugar de eso, la bolita fue a dar a la oreja de un estudiante tímido que estaba sentado directamente en el banco frente al nuestro. Al sentir el impacto, se levantó algunas pulgadas de su asiento, y al instante volvió a sentarse sin siquiera volver a mirar. Su oreja se enrojeció al instante y comenzó a pulsar al ritmo de los latidos del corazón, lo cual me pareció muy cómico. En realidad, mi compañero de cuarto y yo casi nos morimos de risa, a pesar de la seriedad de la reunión. Mi compañero se inclinó hacia un lado y se cubrió la boca; en tanto que yo me agachaba hacia el lado contrario. Desesperadamente tratábamos de pensar en algo diferente, con tal de recobrar el control. Pero cuando pensábamos que la crisis había pasado, volvíamos a notar el moretón rojo de la oreja del compañero, que se agrandaba a cada instante regándose por todo su cuello. Para entonces la mitad de su cabeza había enrojecido. Todo esto despertó nuevamente la hilaridad, y las risas contenidas volvieron a comenzar. Fue algo horrible. La gente que estaba alrededor nos miraba con disgusto por nuestra irreverencia, y quién sabe lo que estaría pensando el pobre joven de la oreja enrojecida. Pero, francamente, era imposible dejar de reírnos.

El orador concluyó su solemne mensaje, y pronunció la bendición. Todo el mundo se puso de pie, y la víctima se frotó la oreja con la mano y salió sin decir absolutamente nada. La presión había concluido y era aceptable reírse. De súbito, el asunto dejó de ser cómico. El simple hecho de que ya podíamos desternillarnos de risa si así lo queríamos eliminó hasta la necesidad de sonreír siquiera. Así es como somos los seres humanos. Así es como se sienten los esposos claustrofóbicos cuando de repente se ven libres. A menudo pierden su necesidad de escaparse.

3. El tercer cambio ocurre, no en la mente del cónyuge frío, sino en la mente del cónyuge vulnerable.

Increíblemente, se siente mejor, como que de alguna manera tiene la situación bajo control. No hay mayor sufrimiento que atravesar un valle de lágrimas, esperando en vano que el teléfono suene, o que ocurra un milagro. En lugar de eso, la persona comienza a recobrar el respeto por sí misma, y a recibir a cambio pequeñas pruebas de respeto. Aun cuando es difícil dejar en libertad de una vez por todas, hay amplias recompensas al hacerlo. Una de las ventajas incluye el hecho de sentir que uno tiene un plan, un programa, un curso definido de acción, para seguir. Eso es infinitamente más atractivo que el experimentar la profunda desesperación de impotencia que sentía anteriormente. Poco a poco comienza el proceso de sanar.

En este punto de nuestra discusión del tema, algunos estarán comenzando a hacerse una pregunta que significa para mí más que cualquier otro aspecto del trabajo que estamos haciendo: ¿Es este consejo que estoy ofreciendo compatible con las Sagradas Escrituras? Sin lugar a dudas es diferente de lo que muchos líderes evangélicos recomendarían.

Si pensara que mis recomendaciones contradicen las enseñanzas de la Biblia, jamás las volvería a pronunciar. La Palabra

de Dios es la norma para toda la conducta y los valores humanos.
En este contexto, hay varios pasajes específicos que respaldan
las conclusiones psicológicas a que he arribado. La porción más
pertinente se halla en 1 Corintios 7:12-15. Nótense los versícu-
los en cursivas.

> Y a los demás yo digo, no el Señor: Si algún hermano tiene mu-
> jer que no sea creyente, y ella consiente en vivir con él, no la
> abandone. Y si una mujer tiene marido que no sea creyente, y
> él consiente en vivir con ella, no lo abandone. Porque el mari-
> do incrédulo es santificado en la mujer, y la mujer incrédula
> en el marido; pues de otra manera vuestros hijos serían inmun-
> dos, mientras que ahora son santos. *Pero si el incrédulo se sepa-
> ra, sepárese; pues no está el hermano o la hermana sujeto a servi-
> dumbre en semejante caso, sino que a paz nos llamó Dios.*

A mí me parece que esas son instrucciones muy directas. El
apóstol Pablo estaba hablándoles a hombres y a mujeres que
estaban casados con personas inconversas. Algunos, sin duda, estaban involucrados en matrimonios con problemas. Les decía
inequívocamente que el divorcio no es una alternativa válida.
Punto. Se les instruía a permanecer fieles, y a tratar de ganar
para el Señor al cónyuge inconverso. ¡Buen consejo! Pero Pablo
también era sensible hacia los que no tenían alternativa en el
asunto. Como Linda y Marta, eran incapaces de retener a su cónyuge a su lado. En esos casos les advierte que dejen que los cónyuges se vayan. No hay ninguna culpa al aceptar algo que está
fuera del control de uno. Así como acabo de indicar, la aceptación de lo inevitable resultará en «paz». Aquí vemos la maravillosa sabiduría del Creador, según se expresa por medio de su sier-
vo, en las dimensiones de las relaciones personales y
psicológicas.

6

Las preguntas más difíciles

Hemos estado tratando sobre la cuestión de dejar libre al cónyuge desencantado. Pero en las situaciones de la vida real, los problemas matrimoniales a menudo implican complicaciones y enredos que hacen más difícil nuestra tarea. Retornemos, por ejemplo, al caso de los que saben que su cónyuge les es infiel. ¿Cuál debe ser la actitud de Linda y de otras personas que sufren debido a que sus cónyuges andan en enredos amorosos con otros? Aun cuando hace un siglo probablemente hubieran ocultado su infidelidad, hoy los culpables la admiten desvergonzadamente, y hasta la defienden.

¿Cuál sería su respuesta a esa proposición? La pregunta es plenamente pertinente en nuestra consideración del asunto. El esposo de Linda le ha puesto delante el mismo dilema. Ella escribió: «Él está confundido y no sabe a cuál de las dos realmente quiere. No quiere perderme y dice que todavía me ama, lo mismo que a nuestros tres hijos, pero tampoco puede dejar a la otra.»

No hay pocos esposos que están destrozándose entre dos (o más) amores. Podría llenar fácilmente el resto de este libro con cartas e ilustraciones de la vida real de personas como Linda, cuyos cónyuges se hallan abiertamente enredados en infidelidad conyugal. Ellos, como la autora de la siguiente carta, preguntan: «¿Qué hago ahora?»

Estimado doctor Dobson:

He escuchado hoy su programa de radio, en el cual usted exhortaba a las personas frustradas a no divorciarse. Me pareció que me estaba hablando directamente a mí. Pero, si no me divorcio, ¿qué hago entonces? Cada día la situación es peor que el anterior, y mi esposo y yo nos separamos cada vez más. Me siento más deprimida que nunca.

Ambos tenemos treinta y cuatro años, y tenemos cuatro hijos. Carlos ya no se interesa en las cosas que antes le interesaban. Le gustaba cantar en el coro de la iglesia, y trabajar en la casa rodante que estaba construyendo para la familia. Ahora parece andar buscando una manera completamente nueva de vivir, pasando su tiempo en las cantinas y salones de baile. Tiene aventuras amorosas con otras mujeres, gastando el dinero que no tenemos; pero nada le satisface. Dígame, ¿qué haría usted en mi lugar?

Mi esposo dice que soy muy anticuada y demasiado moralista. Pero estoy tratando de vivir la vida cristiana. Él dice que prefiere morirse antes que convertirse en un creyente. ¡Me hace sentir como si fuera basura!

¿Cómo puedo continuar con esto? Le pregunto: ¿Cómo?

Una hermana en Cristo,

Mabel

Vayamos a la literatura cristiana para encontrar respuestas a la pregunta de Mabel. A continuación anotamos cinco sugerencias que se han parafraseado de libros que ofrecen consejería a las mujeres víctimas de la infidelidad. Este enfoque pasivo ha sido lo «acostumbrado» por décadas, no sólo en los libros, sino también en el consejo que han ofrecido consejeros cristianos, pastores, parientes y amigos. Permítame pedirle que se coloque usted en la situación de Mabel, mientras lee las siguientes recomendaciones.

1. Al enterarse de la infidelidad de su esposo, hable con él y dígale otra vez cuánto lo ama. Dígale que usted no tiene ninguna intención de dejar que se vaya, y, en realidad, que usted tiene el propósito de pelear por él. Su persistencia le dará a

entender a él que tal vez haya una posibilidad de que usted se adapte a la situación.

2. Dígale a su esposo que comprende lo que ha hecho, e indíquele que usted se da cuenta de que le ha dado algunas razones para que se enrede con otra. No tilde su conducta como pecado o inmoral.

3. Pídale a Dios que le revele sus fracasos específicos que empujaron a su esposo a serle infiel. Cuando reciba las respuestas, haga una lista de esas faltas y revíselas con su esposo. Dígale específicamente cómo usted piensa que tal vez haya contribuido a su necesidad de buscarse otra amante, y pídale perdón.

4. No espere mejoría inmediata en su relación con su esposo. Su matrimonio ha tomado varios años para llegar al caos en que está ahora, y tal vez necesitará igual número de años para recuperarse. Mientras tanto, no le pida a su esposo que deje de ver a la otra.

5. Continúe tratando a su esposo como el hombre de la casa. Recuérdele que él todavía es su esposo y el padre de sus hijos. Si no está viviendo en casa, anímelo a que venga a comer con usted y con los hijos cuando así lo desee. Dígale que usted está lista para satisfacer las necesidades sexuales que él tenga, siempre que venga a casa.

La manera de actuar que se recomienda en estas ideas parece la apropiada, cariñosa, sin acusaciones, y en realidad, estoy de acuerdo en que todas esas sugerencias serán perfectamente adecuadas después que haya habido una reconciliación. Habrá tiempo para un perdón total, sin mencionar el pasado, admitiendo las faltas personales y compartiendo la responsabilidad por los problemas que han surgido. El amor no exige nada menos. Además, debemos reconocer que hay ocasiones en que la «aceptación incondicional», como se describe anteriormente, puede tener éxito para traer de vuelta al cónyuge descarriado. He visto a mujeres que han permitido que sus esposos las maltraten, traicionen, despojen e insulten, y no obstante devolvieron tanto amor y gentileza que el matrimonio se salvó. A veces ocurre. Por supuesto, la personalidad y el temperamento del cónyuge abusador es el factor crítico en esto.

Sin embargo, debo referir los hechos tal como los veo. *Un enfoque pasivo a menudo conduce a la disolución de la relación.* Es especialmente destructivo en los matrimonios donde el cónyuge infiel está tratando desesperadamente de escaparse de una esposa a quien no respeta en lo más mínimo, y sin embargo no quiere dejarlo libre, y en lugar de eso le anuncia sus intenciones de pelear por él (véase la sugerencia 1) sin importar lo que él haga por lograr su libertad.

Permítame explicar otra vez por qué el apaciguamiento, incluso realizado en nombre del cristianismo, puede ser fatal para un matrimonio. Así como los niños de dos años y los adolescentes desafían a la autoridad de sus padres precisamente con el propósito de someter a prueba la confianza propia y valor de esos padres, algunas veces un cónyuge hace lo mismo. Ellos, como los niños, quieren sentir la seguridad de la disciplina cariñosa que les dice: «Hasta aquí puedes ir, pero no más allá.» Para el ser humano de toda edad hay seguridad en los límites definidos.

En otros libros he descrito lo que ocurre cuando un padre se rinde y cede en respuesta a las continuas acciones desafiantes del muchacho. El respeto se pierde cuando la pregunta que se hace es «¿Cuán firme es usted?» y la respuesta que se da es «Como la gelatina.» El hijo no sólo comienza a sentir que el padre no es digno de su respeto, sino que también siente una falta de amor en la relación. El genuino amor exige firmeza en tiempos de crisis. Eso es verdad para los adultos también.

Como se ha indicado, los adultos ocasionalmente se provocarán unos a otros por las mismas razones que provocaban a sus padres cuando jóvenes. Inconscientemente, tal vez, se hacen las mismas preguntas: «¿Hasta dónde llega tu valentía, y me amas lo suficiente como para impedirme que haga esta tontería?» Lo que necesitan en tales momentos es una disciplina de amor, que los obligue a elegir entre las opciones buenas y las malas. Lo que no necesitan, contrariamente a las sugerencias mencionadas, es actitud permisiva, comprensión y excusas, ni tampoco amor cuidadoso y tierno. Distribuir en tales momentos esa clase de amor asfixiante es reforzar la irresponsabilidad y generar la falta de respeto. Priva al matrimonio de la capacidad de exigirse cuentas mutuamente.

Miremos un par de ejemplos específicos. Suponga que un adolescente llega a casa, drogado con anfetaminas. Se encierra en su habitación por varios días seguidos, tragando píldoras mientras se deteriora física y emocionalmente. ¿Qué deben hacer los padres? ¿Necesita ese adolescente comprensión y racionalización, y que no se mencione para nada su problema? ¿Debieran los padres decirle cómo los errores de ellos han empujado al muchacho a su vicio? ¿Sería lo mejor para el muchacho que ellos lo apoyen en esa clase de vida y le compren los narcóticos? Por supuesto que no. *¡El amor debe ser firme!* Si no pueden razonar con él y animarlo a que consiga ayuda, deben empujar el asunto al punto de crisis para salvar al muchacho de sí mismo. Por cualquier método, incluso la confrontación dolorosa, deben tratar de romper el ciclo de conducta que está destruyendo a su hijo, y llevarlo a que busque ayuda profesional.

¿Qué tal si se trata del ejemplo de una mujer cuyo esposo es un alcohólico? ¿Debiera ella «tapar» su condición de ebrio, mintiéndole al jefe, y ocultando el problema de la vista de los vecinos? No, tal es el peor curso de acción para una víctima del alcoholismo. El mejor enfoque es forzar una crisis que ponga las cartas sobre la mesa. Entonces puede ser tratado y resuelto.

Tal vez mi punto ya está claro. La infidelidad es un vicio que puede destruir una vida tan rápidamente como los narcóticos y el alcohol. Una vez que alguien se deja engatusar por la emoción de la conquista sexual, queda intoxicado por su lujuria de placer. Esa persona necesita enderezar sus pasos para limpiar su vida. No necesita un cónyuge que le diga: «Entiendo por qué necesitas de otra mujer, David. ¡Qué barbaridad! Tengo tantos defectos que no es de sorprenderse que andes buscando a otra. Debieras ver la lista que he hecho de mis propias tonterías. Te propongo que hagas lo siguiente: Sigue tranquilamente con tus otras amistades por algunos años, mientras yo trato de mejorarme a mí misma, y tal vez algún día sentirás como que quieres otra vez ser mi esposo. Gasta tu dinero tontamente, si lo deseas, que me las arreglaré de algún modo. Tal vez puedo buscar ropa para lavar y planchar, o tal vez puedo cuidar niños. Mientras tanto, ven a verme de cuando en cuando, pues estaré lista para satisfacer tus necesidades cada vez que quieras. Trae tu ropa sucia y un buen apetito también. Los muchachos y yo trataremos de evitar que la conversación se ponga demasiado seria, porque no queremos que pienses que estás haciendo algo malo. Y David, ¿por qué no traes a tu amiguita la próxima vez que vengas? Apuesto a que es un encanto.»

Tal manera de enfocar el asunto es como comprar cerveza para el borracho o narcóticos para el drogadicto. ¡Eso es amor débil! ¡Es sencillamente desastroso!

Espero haber demostrado la necesidad de una firmeza amorosa en respuesta a la rebelión y al pecado desvergonzado. Pero la pregunta persiste: ¿Cómo se puede poner en práctica tal disciplina? ¿Lanza gritos o tira cosas la persona ofendida? ¿Corre al primer teléfono y llama a un abogado? ¿Es tiempo acaso de jugar sucio, esparciendo rumores que avergonzarán al maleante? ¡No! Esa manera de abordar el problema puede ser firme, pero no amorosa.

Ofreceré una opción en el próximo capítulo.

7

El valle de las sombras

Cualquiera que ha intentado seguir una dieta, o dejar de fumar, o mantener un programa de ejercicio físico por más de dos semanas, sabe lo difícil que es eliminar hábitos de conducta muy arraigados. Podemos luchar contra nuestros viejos hábitos, pero siempre están acechando agazapados en alguna parte, amenazando con retornar y esclavizarnos nuevamente. Muchas de esas características de la conducta fueron modeladas durante la niñez. Cambiar ahora, como adultos, nuestra manera de reaccionar, puede ser lo más difícil que jamás se nos pida.

Eso es con lo que se enfrenta el adúltero, el alcohólico o el que abusa sexualmente de los niños. Cuando se le enfoca el asunto racionalmente, nos dirá que le disgusta lo que ha llegado a ser y que desea cambiar. Pero los viejos modelos persisten, conduciéndolo a que haga mañana lo mismo que hizo ayer. Sus promesas y sus declaraciones no son dignas ni siquiera de la pólvora que se necesitaría para hacerlas volar en pedazos.

¿Cómo, entonces, se le puede ayudar a enmendarse? ¿Qué puede hacer Linda para lograr que su esposo abandone las mujeres con las que juega? Ella ha probado varias cosas: hostigación, súplicas, furia y cariño; pero nada ha dado resultado. ¿Qué puede hacer ahora?

Pues bien, si Linda hubiera acudido a mi oficina, lo primero que le habría sugerido es que hagamos de sus problemas matrimoniales un motivo de oración. La solución de cualquier crisis personal debe comenzar en ese punto, sobre todo cuando implica algo tan importante como lo es la estabilidad de la familia. Permítame dejar bien en claro que el consejo que se ofrece en este libro, o en cualquier otro (excepto la Biblia), es simple sabiduría humana, y es tristemente insuficiente sin la intervención directa del Espíritu Santo. En casi todo matrimonio que tiene problemas hay una dimensión espiritual que no puede ser dejada a un lado por la simple aplicación de principios psicológicos, sin importar cuán brillantes estos puedan ser.

Además, al hablar con cientos de creyentes que han visto sus hogares destruidos, he escuchado un comentario con sorprendente firmeza: «¡Nunca hubiera logrado sobreponerme sin la ayuda del Señor!» Luego cuentan cómo la presencia de Jesucristo nunca fue más genuina y compasiva en su vida que durante los peores momentos de la tormenta, cuando los vientos de la tragedia rugían a su alrededor. Es mi privilegio, por tanto, dirigir a Linda, y a todas las multitudes que sufren, a esa bahía del infinito amor de Dios. Le he visto convertir los desastres en triunfos, curar heridas y reparar relaciones irremediablemente destrozadas.

Pero también es cierto que Dios usa el dolor y la crisis para hacer que una persona pecadora vuelva a sus cabales. Hay algo en una tensión muy fuerte que nos hace regresar en dirección a la responsabilidad. Recuerde que el hijo pródigo decidió regresar a casa de su padre sólo cuando se le acabó el dinero y estaba comiendo lo que comían los cerdos. Una porción diaria de algarrobas tiene la virtud de hacer que uno añore el becerro gordo. En el contexto de la presente discusión, en un matrimonio con problemas hay lugar para una confrontación que puede llevarlo literalmente a las puertas de la muerte.

Con el propósito de ilustrar el asunto, retornaremos a la situación de Linda. Armada con la oración que ya he descrito, la animaría a que en el momento apropiado provoque una crisis de grandes proporciones. Tiene que darle a Pablo una razón para desear cambiar el curso de su vida. Él no va a invertir su energía y dominio propio para tal tarea, a menos que no le quede otra alternativa. Sólo cuando se vea en una situación miserable aceptará la responsabilidad de cambiar. Únicamente cuando vea que todo lo que aprecia —su casa, sus hijos, su esposa, su reputación — comienza a escapársele de las manos, verá con claridad sus alternativas. Sólo cuando el pozo se seque, comenzará Pablo a echar de menos el agua.

Como se puede ver, el esposo de Linda necesita que ella sea firme —pero amorosa— en ese momento, quizá más que ninguna otra ocasión en su vida. Él está oscilando entre la responsabilidad y la irresponsabilidad, admitiendo que está confundido y que no sabe qué camino tomar. Él necesita una excusa fuerte para hacer lo correcto, y casi parece que le está pidiendo a Linda que le dé tal motivación. Mientras se le permita estar «dividido entre dos amores», bien puede posponer su compromiso y colocar a una «esposa» en contra de la otra. Eso despedaza a todos los involucrados.

Desafortunadamente, Linda ya ha dejado transcurrir demasiado tiempo sin proporcionar la motivación que Pablo necesita. Debió haber explotado como un trueno la primera vez que él se enredó con otra. Ya mencioné anteriormente que no es demasiado tarde para salvar el matrimonio, pero no puedo asegurarlo. El poder de Linda para hacer que Pablo regrese ha disminuido porque ha desperdiciado las oportunidades. Explicaré por qué. Cuando ocurre una indiscreción sexual, la relación matrimonial necesariamente se deteriora con el paso del tiempo. ¡Es inevitable! Por consiguiente, se agota rápidamente la influencia que tiene una persona para sacar a su cónyuge del borde del precipicio. Por eso, en los casos de infidelidad, es necesario disparar las armas más poderosas lo antes posible.

¡Lo que estoy diciendo es que una explosión temprana es mejor que una filtración lenta! Las posibilidades de salvar un matrimonio nunca serán tan fuertes como lo son después de la primera indiscreción. Recuerde que el esposo de Linda se enamoró *gradualmente* de la otra. Ese amor que se desarrolló lentamente no habría sido posible si Linda le hubiera dicho con motivo del tercer viaje de él a casa de la divorciada: «Pablo, estás poniendo una tensión demasiado severa en nuestro matrimonio, y te sugiero seriamente que escuches lo que te voy a decir. Si persistes en visitar a esa mujer, un día vas a regresar a casa y hallar que los hijos y yo nos hemos marchado.» Si él no prestaba atención, ella debió haber cumplido su promesa.

Ya puedo oír a alguien que dice: «Pensé que usted no recomendaba el divorcio.» Es cierto, no lo recomiendo. La decisión recae en el cónyuge infiel. Pero él debe entender muy claramente que no puede tener ambas cosas. Sencillamente no funciona. Lo mejor que pudiera pasarle es retornar a casa después de su primera aventura y enfrentar la realidad. Precisamente necesita sentir el impacto total de su pecado. Debiera sentarse y pensar: «¿Qué he hecho? He violado la confianza de esta hermosa mujer que me ha dado hijos, que se ha dedicado a hacerme feliz, que me ha cuidado al estar enfermo, que me ha querido más de lo que me merezco. Y en pago, lo único que recibe es un sinvergüenza egoísta que se escapa y se va a dormir con otra. ¿Me perdonará alguna vez? ¿Me perdonarán los hijos? ¿Me perdonará Dios? ¿Podré perdonarme a mí mismo?»

Sería ingenuo, por supuesto, dar por sentado que este contrito arrepentimiento se obtiene tan fácilmente. Tal vez pasen meses antes que se descubra el enredo, e incluso cuando se aplique la *firmeza amorosa,* la confrontación entre esposos muy rara vez es un simple encuentro. Se libran pequeñas escaramuzas, y se pierden y se ganan batallas. Puede ser incluso un encuentro sangriento, incluso dentro del contexto del amor. Por eso recomiendo a la víctima —la persona que está tratando desesperadamente de mantener unidas las cosas— que nunca inicie tal crisis sin la dirección de un consejero evangélico profesional que pueda ayudarle a dirigir el curso. Cuando estoy ayudando a una persona vulnerable a atravesar esas aguas turbulentas, estoy a su disposición día y noche para animarla y ayudarla a resolver el conflicto. También pido el respaldo en oración de todo creyente que conoce y ama a la familia que está bajo el fuego.

Incluso en esas relaciones difíciles, donde la furia del infierno se desata sobre el cónyuge más responsable, hay recompensas por resistir firmemente. Recuerde que el problema conyugal básico por lo general implica la cuestión del respeto, que con frecuencia ha surgido durante las confrontaciones. No puedo explicar por qué es así en la naturaleza humana, pero sé que así es. Aprendí tal lección cuando estaba en la escuela secundaria.

Acabábamos de mudarnos a una pequeña ciudad del estado de Texas, y yo cursaba el penúltimo año. Habíamos asistido a un juego de pelota un viernes por la noche. Puesto que no conocía a nadie, me senté entre otros estudiantes. Debo haber parecido un blanco fácil para un estudiante del mismo año, que se llamaba Ellis, y que estaba sentado exactamente detrás de mí y que me golpeó varias veces en la cabeza con el programa enrollado. Después de dos o tres intercambios de palabras entre nosotros, me volví y salté sobre él. Le di puñetazos en la cabeza y en los hombros, entretanto que él trataba de golpearme el cuerpo. Fue una típica riña estudiantil, con poco daño físico infligido en ninguno. Pero, aunque usted no lo crea, fue el preludio de una amistad profunda y duradera entre nosotros dos. Se basó en el respeto mutuo. Más tarde, sin saber que yo estaba cerca, oí que Ellis le decía a otro compañero: «No me metería con Dobson. No parece un luchador, pero es duro como el roble.» Mi otro compañero favorito de la misma época fue un estudiante de último año llamado Harlan. Un sábado por la mañana nos enredamos en una pelea que terminó con los dos sangrando; pero motivó una genuina admiración entre Harlan y yo.

Aplicando este concepto a los asuntos románticos, con frecuencia se notan las mismas características. Cuán frecuentemente ocurre que una pareja que salen juntos se comprometerán y se casarán poco después de recuperarse de la peor pelea que jamás habían tenido. No recomiendo que Linda, Marta, Nancy, Mabel y otras traten de descargar su cólera sobre sus esposos, o que los golpeen con ollas y sartenes. Lo que estoy diciendo es que, al tener el suficiente valor para defender sus criterios, pueden regenerar una porción del respeto que han perdido.

Por último, regresemos al problema del síndrome del «enjaulado». La persona que se siente ahogándose puede hallar alivio al instante si usted, su cónyuge, pone en práctica el consejo que le estoy dando. Al dejar bien en claro que hay límites en cuanto a lo que usted va a tolerar, está mostrando respeto y dominio propio. De manera extraña, eso a menudo atrae a su cónyuge hacia usted. Algunas personas inmaduras tienen que sentir absolutamente que hay un desafío en la relación para sentirse satisfechos en ella. Tales individuos tal vez hasta necesiten oír la puerta que comienza realmente a cerrarse ante el matrimonio, antes de querer volver a entrar corriendo.

«¡Ridículo!» dice alguien. Por supuesto que lo es. Sólo tenemos una vida para vivir, de modo que ¿por qué pasarla sometiendo a prueba a los que amamos, tratando de medir su límite de resistencia? No lo sé. Pero así es como somos. ¿Por qué otra razón un niño de dos años, o de cinco, o un adolescente, deliberadamente desobedece a sus padres, a no ser por la única razón de determinar cuánto pueden resistir papá y mamá? La misma motivación de poner a prueba los límites hace que los estudiantes fastidien a los profesores, que los empleados desafíen a los superiores, que los soldados desobedezcan a los sargentos, y así sucesivamente. Es lamentable que eso lleve a algunos esposos a someter a prueba también a su cónyuge. Lo que se requiere en cada caso es disciplina y dignidad de parte del que está siendo sometido a prueba.

Ahora que hemos presentado las razones que abogan por un período de confrontación como reacción a la infidelidad, u otros casos de irrespetuosidad desvergonzada, debo apresurarme a explicar lo que quiero indicar por crisis. Ya mencioné la posibilidad de que Linda pudiera separarse de Pablo para enfatizar la seriedad de la situación. Esa es una manera de añadir seriedad al asunto; pero marcharse de casa es un paso que no debe ser tomado a la ligera. Puede ser el único método para conseguir que la otra persona preste atención, pero es una decisión que exige mucha sabiduría personal, así como cuidado y oración. La crisis a la cual me refiero puede incluir o no separación, pero definitivamente involucra mucho más.

La crisis que se provoca, en primer lugar, debe ir acompañada de un cambio total de actitud. En lugar de rogar, suplicar, retorcerse las manos, y gemir como un perrito regañado, usted, como cónyuge vulnerable, debe aparecer sorprendentemente en calma y segura de sí misma. La clave de eso es *la confianza en sí misma*, y esto es de suma importancia. Sus modales deben decir: «Creo en mí misma. Ya no tengo miedo. Puedo salir adelante, cualquiera que sea el resultado. Sé algo que no voy a decir. He tenido mi día de lamentación y ya estoy harta de llorar. Dios y yo podemos manejar cualquier cosa que la vida ponga en el camino.»

Por supuesto, no se trata de decir eso con palabras. En realidad, cuanto menos diga usted acerca de lo que pasa por su mente, tanto mejor. Eso es asunto privado suyo. Uno de los grandes errores que comete el cónyuge vulnerable, cuando las cosas comienzan a deteriorarse, es hablar demasiado. Su cónyuge se siente seguro y casi no habla, se muestra evasivo, engañoso y misterioso. No se pone a explicar sus emociones a quien necesita desesperadamente tal información. Recuerde las palabras de Nancy en su carta: «Anhelo penetrar en su cabeza y en su corazón, y descubrir cómo se siente; pero sencillamente él no habla de sus asuntos personales.» Eso es típico.

Lo que le recomiendo es que usted, que está tratando de mantener unido al matrimonio, seleccione mucho más cuidadosamente sus palabras. Es como si usted y su cónyuge hubieran estado jugando naipes, con él escondiendo sus cartas y usted permitiendo que él vea las suyas. Eso le ha dado al cónyuge independiente más información de la que debía tener, sobre todo tocante al dolor que usted está experimentando. Es tiempo de ser más discreta. Ya no debe revelar más cada detalle de sus pensamientos ni de sus planes. *En ninguna circunstancia debe usted hablar de este libro, o discutirlo con su cónyuge*. Y nunca más debe decir cosas tales como: «Me pasé toda la noche llorando, María. ¿No ves cuánto te necesito?» Si lo dice, cae otra vez la puerta de la jaula, se deja oír el ruido del respeto que comienza a resquebrajarse. Retumba el portazo que María dio al salir de nuevo.

Es también importante durante este tiempo de crisis no hacer las cosas que son previsibles en usted. Habiendo vivido con usted por años, su cónyuge ya la ha analizado. Sabe lo que le fastidia, lo que la hace reír, lo que la hace llorar. Se sabe de memoria las frases con que usted salpica la conversación. Mi consejo es que modifique esos hábitos. En los casos en que usted solía hacerle sugerencias, no se las dé. Procure no repetir los comentarios huecos que él ha oído por veinte años. No sea tan previsible. Su propósito es convencer a ese hombre o a esa mujer que los acontecimientos están girando fuera de su control, y que le podrían llevar en una dirección que ni siquiera se imagina. Las viejas reglas ya no se aplican. ¿Por qué es ventajoso este nuevo misterio? Debido a que una de las razones por las cuales su cónyuge perdió su interés en la relación es que el «desafío» ya había desaparecido. Todo se había vuelto demasiado rutinario y monótono. Así que usted actuará con sabiduría si pone todo de cabeza.

Por nada en el mundo, a menos que haya algún asunto urgente o importante, llame por teléfono al cónyuge que se ha marchado de casa. Si se hace necesario llamarlo, explique la razón de su llamada lo más pronto que sea posible después de los saludos y preguntas de cortesía, y vaya al grano de inmediato. Cuando el asunto quede concluido, despídase cortésmente y cuelgue. No se deje arrastrar a las peleas verbales. Usted no quiere dar la apariencia de un niño llorón simplemente recubierto por una delgada capa de aplomo. Si explota como solía hacerlo antes, será evidente que usted es, como él lo sospechaba, la persona débil a quien él ha perdido todo respeto. Puede haber ocasión para la ira, si él llegara a insultarla, pero incluso en tal caso su respuesta debe ser contundente, controlada y firme.

Una cosa interesante ocurre cuando esa clase de confianza tranquila reemplaza las lágrimas y la compasión propia de antes. La curiosidad infecta al cónyuge descarriado, y comienza a someter a prueba los detalles. Por primera vez quizás en meses comienza a dirigirse a usted. Ahora dice: «Se te nota diferente ahora» y «espero que estás comenzando a sobreponerte a nuestros problemas». Le está poniendo un señuelo, tratando de descubrir lo que ocurre por dentro. Pero él se siente incómodo al observar que están ocurriendo cambios que no puede controlar ni entender. No le diga nada. Es necesario que él comience a hacerse serias preguntas.

En todos esos cambios usted debe tener cuidado de no portarse de una manera contraria al amor. Recuerde que con la ayuda de Dios usted está tratando de construir nuevos puentes hacia ese cónyuge irrespetuoso, y que se siente atrapado. No queme sus puentes antes de haber llegado a la otra orilla. No lo insulte, pero a la vez califique su conducta dañina por lo que es. No trate de lastimarlo con chismes, y ni siquiera con verdades que lo avergüencen. No llame por teléfono a la familia de él, ni trate de menoscabar su posición ante ellos. No incite el odio en sus hijos. No olvide que su propósito es ser firme, sí; pero igualmente amoroso.

Aun cuando debe parecer obvio, tal vez deba tomar unos momentos para explicar por qué son necesarios esos cambios en la conducta y en la manera de responder. Algunos pudieran pensar que estoy recomendando un disparatado juego del gato y el ratón a personas adultas que confrontan peleas de vida o muerte. ¿No es algo infantil, alguien pudiera decir, pretender demostrar confianza en uno mismo cuando por dentro uno está muriéndose? De ninguna manera. Esas son las conclusiones a que he llegado basándome en una vida entera de experiencia en consejería.

El cónyuge que amenaza con marcharse de casa e irse en pos de otro amor muy rara vez está convencido más allá de toda duda de que está haciendo lo mejor. Después de todo, tiene una conciencia que Dios le ha dado, y que le está martillando la verdad, haciéndolo sentir culpable. Usted puede estar segura de eso. Tal vez dé la apariencia de estar resuelto o determinado, pero debemos dar por sentado que por dentro está librando una dura lucha. Se siente muy mal al pensar que lastimará a los hijos. Además, todavía puede haber una chispa de amor por usted, la mujer de su juventud, que arde en alguna parte debajo de su frío exterior. Mientras sus modales dicen: «Ya no me importas», por dentro puede estar pensando: «¿Habré lastimado a la mejor amiga que jamás he tenido? Tal vez debiera terminar con todo este

enredo amoroso. Pero no estoy seguro de que quiero que mi relación con Susana vuelva a ser lo que era. En realidad, pienso que
podría volver a quererla.» Y así da vueltas y más vueltas, pesan-
do los pros y los contras.

Podemos dar por sentado que en la mayoría de los esposos
que amenazan con dejar al cónyuge, hay algún grado de duda.
Esa parece ser la característica de Pablo, el esposo de Linda. Sencillamente no puede decidir a cuál mujer quiere. Sabemos, por
tanto, que Linda todavía está en la contienda, y eso es una buena
noticia. Pero ahora, ¿cómo puede ella proteger y avivar la chispi-
ta que arde en algún lugar de su corazón? Claramente, no debe
asfixiarla. Debe darle amplio lugar para que respire, esperando
que crecerá y se convertirá en una llamita. Eso se consigue al dejar a un lado la ofensiva. En lugar de apremiar a Pablo a que ac-
túe de cierta manera, o a que vuelva a casa, Linda necesita hacer
que él comience a preguntarse si logrará conseguir que *ella regrese a él*. La libertad es el combustible del fuego romántico.

Ahora llegamos a la parte más importante de la experiencia
de crisis. Me refiero al encuentro, cara a cara, que debe ocurrir
pronto. En realidad, habrá varios intercambios críticos cuando
usted sea llamada a exponer su caso. No cometa el error de que
esas conversaciones la encuentren sin la preparación debida.
Con mucho cuidado organice sus pensamientos, y repase lo que
usted planea decir. Converse sobre esto con su consejero, pidiendo su opinión sobre los asuntos. El tema central del encuentro no
debe enfocarse en lo que usted espera que su cónyuge haga, sino
en sus propias conclusiones. Si yo fuera Linda, por ejemplo, me
prepararía para decir algo así como lo siguiente:

«Es curioso, Pablo, cómo una persona puede perder toda
perspectiva cuando está tan involucrada en un problema. Resulta difícil ver claramente las cuestiones, y esto es lo que me ha ocurrido en los meses recientes. Pero en estas últimas semanas he podido separarme un poco de nuestras dificultades, y ver todo bajo
una luz totalmente nueva. Es increíble lo tonta que me he porta-
do desde que decidiste dejarme. He tolerado tu infidelidad por
casi un año, y hasta fui tan ingenua que permití que trajeras a

Susana a nuestro dormitorio. No puedo creer que yo misma haya permitido eso. Creo simplemente que te he querido mucho, al punto de estar dispuesta a hacer cualquier cosa que pedías, sólo por lograr que no me dejaras.

»Pero déjame decirte, Pablo, que esos días se acabaron. Si quieres marcharte, puedes hacerlo. En realidad, tal vez eso sea lo mejor. Dudo si alguna vez podría volver a confiar en ti, o a sentir por ti lo que una vez sentí. No soy una esposa perfecta, desde luego, pero ningún hombre me ha tocado desde que me comprometí a ser tuya. Pero tú traicionaste mi confianza, no sólo una vez, sino repetidas veces en todos estos meses. Ya no soy alguien especial para ti, sino una del montón. No puedo vivir así. Prefiero enfrentar la vida sola, antes que como miembro de tu harén. Si Susana es la mujer que quieres, espero que los dos vivan felices para siempre. Todavía no estoy segura de cómo algo tan maravilloso se convirtió en algo tan sucio y distorsionado, pero eso es algo entre tú y el Señor. Tú y yo tendremos que rendir cuentas ante Él por lo que hayamos hecho, y mi conciencia está limpia.

»De modo que, Pablo, he estado pensando mucho, y creo que lo que tienes que hacer es empacar y marcharte. Simplemente ya no habrá para ti eso de andar brincando de Susana a mí, durmiendo con ambas y tratando de hacerlo aparecer como algo normal. ¿Dices que no estás seguro de a cuál de las dos quieres? Pues bien, eso tampoco me inspira nada. Cuando nos casamos me juraste amor eterno y prometiste dedicarte sólo a mí; pero ahora todo eso bien puede ser echado al olvido. Lo que necesitamos ambos es un tiempo separados. Pienso que debes buscar donde quedarte, tal vez con Susana, si así lo quieres. Si en el futuro decides que quieres ser mi esposo, entonces hablaremos sobre eso; pero no te prometo nada. Estoy haciendo todo lo posible por arrancarte de mi corazón, para evitarme más sufrimiento. No va a ser fácil. Tú has sido mi único amor, el único que jamás quise. Pero eso era antes y hoy es hoy. Dios te bendiga, Pablo. Los niños y yo te echaremos de menos.»

¿Puede haber duda de que Pablo recibirá menuda sorpresa por ese enfoque sincero? Por más de un año ha estado tratando de quitarse de encima a esa mujer fastidiosa. Ella lo llamaba por teléfono y le suplicaba que regresara, e inevitablemente toda conversación acababa en lágrimas. Él ha hecho todo lo posible por escaparse de la jaula de Linda, incluso la ha insultado, le ha exigido acciones sexuales ridículas, y la ha amenazado con el divorcio, y nada ha dado resultado. Se ha preguntado: «¿No tiene esta mujer dignidad alguna? La trato como si fuera un perro, y vuelve como si nada.» Linda está obviamente desesperada.

De pronto, sin ninguna advertencia, la entera disposición de ella comienza a cambiar. La próxima vez que están juntos, Linda parece tener más confianza en sí misma, tiene un mejor dominio de las cosas. No pide nada, y más bien parece aburrirse por la conversación. «¿Qué ocurre? —se pregunta Pablo—. ¿Habrá encontrado otro hombre? ¿Algún tipo se está metiendo en mi territorio? ¿Va él a dormir en mi cama y esperar que mis hijos lo llamen papá? ¡Un momento! ¿Estoy a punto de perder algo muy importante para mí?»

Dos semanas más tarde Linda entrega el discurso que sugerí. Ella se siente incómoda al tratar de decirlo todo frente a frente, de modo que se sienta y lo escribe. (Eso es recomendable, puesto que así se puede escoger más cuidadosamente las palabras, sin argumentaciones contrarias ni interrupciones; además, un carta se convierte en un documento permanente que puede leerse y releerse.)

Pablo halla el sobre en su buzón al regresar por la noche del trabajo. «Aquí vamos de nuevo —dice con un suspiro de resignación—. Apuesto que Linda está rogándome otra vez que no vea más a Susana.» En lugar de eso, ella le está concediendo la libertad de marcharse, y hasta exhortándole a que lo haga. La puerta de la jaula se abre, y de pronto su esposa adquiere una apariencia de respeto propio y dignidad. Para cierto porcentaje de personas como Linda y Pablo, eso es el principio del proceso de restauración.

8

Tres mujeres que lo pusieron en práctica

Quisiera que fuera posible que usted se pusiera detrás de mis ojos y mirara el tema como yo lo veo. ¡Si sólo conociera a los cónyuges a quienes he aconsejado, que andaban desorientados en una actitud de apaciguamiento y pánico, y que luego, con la ayuda de Dios, descubrieron los principios del respeto propio y de la libertad romántica! Pero, aun más importante, quisiera poder trasmitirle la aplicabilidad de esos conceptos a los que tienen matrimonios saludables, a los adolescentes y a los jóvenes que están saliendo juntos, a los adultos solteros y hasta a los empleados, los padres y los gobiernos. El *respeto*, elemento crítico en los asuntos humanos, se genera por la dignidad tranquila, la confianza propia y la cortesía común. Se asesina mediante el retorcerse las manos, el humillarse completamente y el suplicar misericordia.

Dadas las limitaciones del lenguaje al intentar explicar esos conceptos, parece ventajoso permitir que mis amigos cuenten sus historias. En este capítulo hay tres cartas de mujeres que han estado allí donde hoy están Rogelio, Linda, Marta y Nancy. Ellas me escribieron en respuesta a una serie de programas radiales dedicados al tema de este libro. Pienso que usted hallará sus experiencias estimulantes y reveladoras.

Comenzaremos con una carta anónima de una mujer muy inteligente, que sabe lo que significa el sufrimiento.

Estimado doctor Dobson:

Después de escuchar sus programas radiales «El amor debe ser firme», me gustaría contarle mi historia. Es difícil hablar de los hechos, porque mi esposo era un pastor prominente, en una iglesia grande, antes de caer en el pecado.

Todo comenzó cuando un hombre de nuestra iglesia apareció en la puerta y pidió hablar conmigo. Traía consigo una carta que probaba, sin error alguno, que mi esposo estaba enredado con otra mujer. Nunca imaginé que algo semejante estuviera ocurriendo, y mi sorpresa fue mayúscula. El hombre me contó todo con lujo de detalles, y más tarde procedió a contárselo a todo el mundo. Hizo copias de los documentos y los puso en circulación en toda la iglesia y en toda la ciudad.

Doctor Dobson, nunca en mi vida me sentí tan sola como cuando este enredo salió a la luz pública. Los miembros de nuestra congregación me trataban como si fuera una «leprosa». Mi esposo fue obligado a renunciar inmediatamente, y nos exigieron que saliéramos en seguida de la casa pastoral. De pronto nos encontramos sin casa, sin trabajo, sin dinero y casi sin amigos. Habíamos invertido nuestra vida ayudando a otras personas, pero nadie nos ayudó cuando lo necesitábamos. No puedo describir la cólera y el sarcasmo que nos echaron encima. Se nos amenazó con atacarnos físicamente, se nos fastidiaba por el correo, por el teléfono, se hizo daño a nuestras pertenencias, y se lanzó toda clase de chismes malévolos y falsas acusaciones. Fue un tiempo horrible en nuestra vida.

No sólo había perdido todo de la noche a la mañana, sino que también mi matrimonio estaba a punto de acabarse. Antes de mudarnos, me fui a mi dormitorio y me postré delante de Dios, pidiéndole que Él se hiciera cargo de todo. Él era el único con quien podía hablar. Una persona sencillamente no conversa de esos asuntos con quienes no entienden. Por último, el Señor me dirigió hacia un sabio consejero que supo escuchar mi historia. Le conté la enorme culpa que me embargaba por mi papel en nuestros problemas, y lo terrible que me sentía. Nunca olvidaré su respuesta.

Me dijo que no tenía por qué cargar con la culpa del enredo de mi esposo, y que nada que yo hubiera hecho podía justificar su infidelidad. Me aconsejó que levantara la cabeza y que me pusiera firme con él, aun cuando eso sería difícil. Me dijo que era la única manera de salvar nuestro matrimonio. Estuvimos de acuerdo en que el divorcio no era la solución, aun cuando yo tenía base bíblica para dejar a mi esposo. Decidí pagar el precio de confrontarlo.

Algunos meses más tarde sucedió la crisis. Di a Manuel un ultimátum: o se iba con la otra mujer, o se quedaba conmigo. No podría continuar teniéndonos a las dos. Le puse mis manos en los hombros, y mirándole directamente a los ojos le dije: «Sabes que tú eres el culpable de todo lo que nos ha pasado. Tú cometiste adulterio; yo no.» Le dije que, si amaba a la otra mujer más que a mí, debía marcharse. Yo lo aceptaría. Le recordé que tenía un alma, y que algún día él tendría que dar cuenta a Dios.

Manuel no sólo rompió el amorío, sino que más tarde me agradeció por haber tenido el valor de haber seguido a su lado a través de todo ese tiempo difícil. No fue fácil, pero lo resolvimos y nuestra familia sobrevivió.

Desde entonces, Dios nos ha bendecido enormemente. El Señor me ayudó a perdonar a Manuel, recordándome que Él también había perdonado mis muchos pecados. Ahora estamos de nuevo en el ministerio, en otro estado, y mi esposo es más eficiente para Dios de lo que nunca antes había sido. Nuestros tres hijos se han ajustado muy bien. Los protegí para que no aborrecieran la iglesia y para que no le faltaran el respeto a su padre. Quieren mucho a su papá.

Sí, doctor Dobson, «¡el amor debe ser firme!» Si me hubiera dado fácilmente por vencida y optado por la vía fácil de escape, nuestra historia no habría tenido tan feliz término. Exigió arduo trabajo, luchas y oración; pero el Señor restauró nuestro hogar. Al principio pensé que nunca volvería a ser capaz de sonreír, pero Él ha quitado los nubarrones y nos ha traído de nuevo la luz del sol.

Sé que no es apropiado dejar una carta sin firmar, pero debido a las circunstancias, pienso que es mejor permanecer anónima. Alguna vez me encantaría conocerlos a usted y a su esposa.

¿No es una carta que inspira? Debe ser obvio por qué quería

mencionarla en este contexto. Desafortunadamente, el adulterio entre los ministros del evangelio es cada vez más común. Por lo general, los pastores son hombres muy ocupados, con muchas presiones que limitan el tiempo que pueden pasar con su familia. Cuando la tensión en el hogar se combina con el acceso natural que tienen los ministros a las mujeres que los admiran, las tentaciones para los enredos son más que evidentes. La misma condición también prevalece en mi propia profesión. Un estudio revela que el veinticinco por ciento de las estudiantes en las escuelas de psicología han ido a la cama con sus profesores. ¡Qué comentario tan increíble sobre el estado moral de las ciencias llamadas «de ayuda al prójimo»!

Vayamos ahora a otra carta que llegó en respuesta a la misma serie de programas radiales. Es representativa de centenares que hemos recibido.

Estimado doctor Dobson:

Escuché su programa radial la semana pasada, y estuve muy contenta de oírle decir cómo una persona puede tratar el adulterio del cónyuge. Atravesé esa experiencia en los últimos dos años. Mi primer consejero me dijo que debía ser amable y paciente, y que ganaría de vuelta a mi esposo mediante mi disposición complaciente. No funcionó. Las cosas empeoraron, hasta que ya no pude resistir más.

Entonces fui a hablar con otro consejero y también busqué el consejo de mi pastor. Ambos me aconsejaron que yo debía ser firme, como usted sugirió. Era tan diferente y me parecía tan contrario a la Biblia; sin embargo, el Señor los usó a ambos para enseñarme cómo enfrentar la situación. Gradualmente me sentí mejor en cuanto a mí misma, y recobré mi dignidad. Entonces el Señor trajo a mi esposo de regreso. Ya ha pasado casi un año desde que comenzamos todo de nuevo, y las cosas marchan muy bien.

Quiero animarle a continuar con su consejo de que el amor debe ser firme. Es muy difícil dejar algo en libertad, sobre todo cuando se está confundida y sufriendo. Pero fue únicamente cuando dejé todo en libertad, que el Señor obró más en la vida de mi esposo.

Si alguna vez usted imprime esa serie de mensajes, tenga la bondad de enviarme un ejemplar.

En Cristo,
Laura

Admito que esas cartas suenan como historias inventadas para respaldar mis opiniones. Sin embargo, son cartas verídicas que están en nuestros archivos, procedentes de personas de carne y hueso que viven en algún lugar. (He cambiado algunos detalles para ocultar la identidad de quienes las escriben, y para eliminar comentarios inoportunos.) La mayoría de las respuestas que recibí a los programas sobre *El amor debe ser firme* son parecidas a las que he mencionado: potentes testimonios a favor del consejo que se ofrecía. No todo matrimonio se salvó, por supuesto. No soy ningún mago, y la aplicación del amor firme no elimina el libre albedrío del cónyuge descarriado. Pero incluso cuando quienes escribieron informaron que el divorcio siempre tuvo lugar, eran evidentes las ventajas del respeto propio en contraposición al pánico desbocado.

Leamos una carta de una mujer que se vio a sí misma en los ejemplos que presenté. Su esposo la estaba reteniendo por la fuerza, y ella no le tenía el menor respeto. Encontré esta respuesta interesante de parte de alguien que representa el otro lado de la moneda.

Estimado amigo mío:

Escuché asombrada su programa de radio *El amor debe ser firme,* y vi mi propio matrimonio en su discusión. Yo sabía que teníamos problemas, pero no entendía por qué. Ahora todo es claro.

Lo que ocurre es que yo había tenido muchas de las actitudes de falta de respeto hacia mi esposo que usted describió (¿estaba usted leyendo mis pensamientos?). Me abochornaba en público porque no es un buen conversador, y porque parece muy tonto (aun cuando no lo es). ¡Me sentía en realidad avergonzada de que me vieran con él!

Por otro lado, usted describió correctamente a mi esposo, también. Él ha tenido un dominio estrangulador sobre mí, disgustándole cualquier amistad o compromiso que yo tuviera fuera de casa.

Ahora puedo ver que ambos estábamos respondiendo a las actitudes del otro, sin decirnos ni una palabra sobre el asunto. Me sentía oprimida y él se sentía rechazado.

Aun cuando no he buscado ningún enredo fuera del matrimonio, ahora puedo ver que soy una candidata excelente para uno. ¡No quiero tal cosa ni para mí ni para mi familia! Mezclado con mis sentimientos hay un pobre concepto de mí misma, de lo cual usted habló también.

Tenemos en nuestra ciudad un centro de consejería cristiana al que he ido a pedir consejo otras veces. Un consejero me dijo algunas de las cosas que usted dijo por radio, pero yo no estaba lista para ellas. Ahora lo estoy. Creo que Dios usó sus comentarios para abrir mis ojos a nuestros problemas a fin de poder solucionarlos.

Gracias a Dios por el poder y la fortaleza de su ministerio, y por la manera en que Él lo está usando para hablar a mis necesidades. Enfrentarse a uno mismo no es fácil, pero el crecimiento que resulta es emocionante. Muchas veces aquel viejo refrán que dice que «la ignorancia es bendición» ha demostrado ser algo sin sentido en mi vida.

Sinceramente,
Carlota.

Para los que no puedan escribir cartas tan positivas y esperanzadoras como las que he mencionado, confío en que Dios usará estas páginas para animarles a comenzar el proceso de restauración. El Señor está, después de todo, interesado en realizar milagros.

9

Preguntas y respuestas

Nunca es posible cubrir todos los aspectos de un tema tan complejo como la interacción emocional de los seres humanos. Es casi seguro que algo importante se quedará fuera. En esos casos he encontrado útil colocar una sección dedicada a preguntas y respuestas. Eso me permite recoger los cabos sueltos y ampliar más en los aspectos de confusión.

Las siguientes preguntas fueron, obviamente, escritas con tal propósito, pero son representativas de interrogantes verídicos que he recibido de centenares de personas que quieren respuestas.

P. Mi esposa ha estado enredada en amoríos con su jefe por seis meses. Lo supe desde el principio, pero sencillamente no he sido capaz de llamarle la atención. Mercedes actúa como si ya no me quisiera. Si le doy un ultimátum puedo perderla del todo. ¿Puede usted asegurarme de que eso no va a suceder? ¿Alguna vez ha ofrecido su consejo de que el amor debe ser firme, y le ha salido el tiro por la culata, terminando todo en divorcio?

R. Sí, ha ocurrido, y comprendo su cautela. Quisiera poder garantizarle cómo reaccionará Mercedes a un enfoque más severo de la cuestión. Lamentablemente la vida nos ofrece muy pocas certezas, incluso cuando todas las probabilidades apunten en una sola dirección. Algunas veces atletas en excelente condición física caen muertos por un ataque al

corazón. Algunos padres modelos tienen hijos que se rebe-
lan y que se convierten en drogadictos. Algunos de los hombres de negocios más inteligentes y cautos caen en la banca-
rrota. La vida es así. Cada día ocurren cosas que nunca
debían haber ocurrido. Sin embargo, debemos marchar de
acuerdo con la mejor información que tengamos. Esta semana leí en una pared un letrero que decía: «Los caballos más
veloces no siempre ganan, pero usted debía apostar a ellos.»
Aunque no participo en apuestas, el refrán tiene sentido.

Habiendo ofrecido tal explicación, déjeme decir que no se
arriesga nada al tratarse uno mismo con mayor respeto, exhi-
biendo confianza propia y aplomo, retirándose un tanto y
abriendo la puerta de la trampa romántica. Los beneficios positivos de tal enfoque del asunto son con frecuencia inmedia-
tos. El respeto propio con amor prácticamente nunca falla en
tener un efecto saludable en un amante descarriado, a menos que no haya ni la más minúscula chispa que avivar. Por
eso, en casos cuando el hecho de abrir la puerta de la jaula resulta en la súbita partida del cónyuge, la relación ya estaba
desde antes en el ataúd. Me recuerda un refrán antiguo que
dice: «Si amas algo, déjalo libre. Si regresa a ti, es tuyo. Si no
regresa, nunca fue tuyo.» Hay una gran verdad en ese refrán,
y se aplica muy bien a su relación con su esposa.

Ahora, obviamente, hay riesgo en provocar un período de
crisis. Cuando individuos explosivos están atravesando uno
de los conflictos de la edad madura, o en un voraz apasiona-
miento con un nuevo amante, se requiere gran tacto y sabiduría para saber cuándo y cómo responder. Por eso es esen-
cial la consejería y la orientación bíblica antes, durante y
después de la confrontación. Ni siquiera se me ocurriría reco-
mendar que las víctimas de un enredo amoroso pongan
indiscriminadamente ultimátums de veinticuatro horas al
cónyuge independiente, o que lo arrinconen contra una es-
quina. Se necesita gran precaución en conflictos tan delicados, y ningún movimiento debe hacerse sin mucha oración y
súplica ante el Señor.

En pocas palabras, sugiero que usted busque la ayuda de un consejero competente, que pueda ayudarle con el problema del enredo amoroso de Mercedes.

P. Si usted fuera el consejero que está ayudando a alguien a resolver una situación de crisis como la descrita arriba, obviamente usted tiene que darle algunas recomendaciones que bien podrían acabar del todo con el matrimonio. ¿No lo pone esto nervioso? ¿Alguna vez ha lamentado haber llevado a una familia en esa dirección?

R. Para responder a la pregunta usted necesita entender cómo veo mi situación. Mi papel es similar al del cirujano que le dice al paciente que necesita una operación de las arterias coronarias. El hombre escucha al médico que le explica las posibilidades. «Si usted se somete a esta operación —le dice al paciente—, hay un tres por ciento de probabilidades de que no resista la cirugía.» ¡Tres de cada cien personas que se someten a la cirugía quedan muertos en la mesa de operaciones! ¿Quién en su sano juicio correría voluntariamente ese riesgo? Pero los enfermos lo corren debido a que las posibilidades de morir son mayores si no se someten a la cirugía.

Las confrontaciones y ultimátums que son resultado de poner en práctica el amor firme son así. Tal vez den por resultado la muerte repentina de la relación; pero sin una crisis como esa hay más probabilidades de una muerte segura. En lugar de enfrentar resueltamente la situación mientras todavía hay una posibilidad de restauración, la alternativa es quedarse quieto contemplando cómo el matrimonio se muere con un gemido. Prefiero aprovechar la oportunidad ahora, antes que se produzca más daño. Y como ya he dicho, una explosión es mejor que una pequeña filtración o fuga.

P. Mi matrimonio parece que ya no tiene remedio. Mi esposo es como el de Linda; siempre anda con otras mujeres y me amenaza con el divorcio. ¿Hay en realidad alguna esperanza para nosotros?

R. Es difícil decirlo sin conocer los detalles; pero sí puedo afirmar lo siguiente. He visto docenas de familias que se encontraban en su situación y que ahora son felices y están restauradas.

Hubo cierto período en que traté con diecinueve parejas, en las cuales las aventuras extramaritales habían ocurrido o estaban a punto de ocurrir. Esas familias todavía me reconocen, y nueve de ellas hoy siguen unidas y felices. A pesar de que el porcentaje pudiera parecer reducido, recuerde que eran familias al borde del divorcio, y sobrevivieron y siguen juntas después de diez años o más. El amor firme jugó un papel importante en su recuperación, aun cuando su entrega a la fe evangélica fue el factor más significativo. De modo que la esperanza siempre existe, como debe ser.

Permítame darle una palabra final de estímulo. Nada hay que parezca ser tan fijo y que sin embargo pueda cambiar tan repentinamente como las emociones humanas. Cuando se trata de aventuras románticas, las emociones pueden cambiar de un polo a otro de la noche a la mañana. He visto a muchos que expresan aborrecer profundamente a su cónyuge, diciendo: «¡No quiero volver a verte jamás!», caer rendidos llorando en los brazos de la otra persona pocas horas después.

Resista con firmeza. Dios todavía no ha terminado con usted, ni con su cónyuge tampoco.

P. Usted se ha referido repetidamente al caso de Linda y de Pablo en todo el libro. ¿Qué le recomendaría a Linda en caso de que Pablo regresara pidiéndole que lo perdone y que vuelva con él? ¿Debe ella sencillamente abrirle los brazos y simular que la infidelidad nunca ocurrió?

R. Para comenzar, digamos que ella debe volver con él. Ese es el punto de todo lo que he escrito.

Pero su poder para negociar los cambios que sean necesarios nunca será mejor que en ese momento, y ella no debe tratar el asunto a la ligera. Sugeriría que ella le haga firmar a Pablo un compromiso por escrito de que acudirá *inmediata-*

mente en busca de consejería profesional. Los viejos hábitos persistirán a menos que se haga un serio esfuerzo por cambiarlos. Esa familia también tiene serias y profundas heridas que hay que sanar, y es más que probable que no podrán completar por sí solos el proceso de restauración. Linda debe dejar bien en claro que *nunca* jamás —y lo digo en serio— tolerará la infidelidad sexual. Pablo necesita esa motivación para andar derecho. Debe saber, y convencerse de que si se comete otro desliz con otra amante, el cielo le caerá encima. Linda debe convencerlo de que habla en serio. Si él vacila, aunque sea levemente, ella debe darle uno o dos meses para que se quede en algún sitio, deseando poder ir a casa. Es mejor que continúen en la puerta de la muerte del matrimonio ahora, que atravesar la miseria de la infidelidad nuevamente a la vuelta de pocos años. Por último, Linda debe insistir en varios compromisos importantes de orden espiritual en la familia. Esa pareja va a necesitar el poder sanador y la gracia de Dios, para poder restaurar lo que ha erosionado el pecado.

Después, cuando Linda consiga que Pablo regrese a casa, debe esforzarse como nunca antes para hacerle feliz.

P. ¿Cuán difícil puede ser para la gente poner en práctica el consejo que usted ofrece? Me refiero a las personas heridas que ven cómo todo se derrumba. ¿No es realmente difícil encarar la posibilidad de perder a la persona que se ama?

R. Por supuesto que es difícil. Algunas personas me han dicho llanamente que no pueden hacerlo. Otras nunca comprendieron realmente lo que yo estaba diciendo. Pero para quienes dan aunque sea un paso en dirección de la confianza propia, las recompensas son instantáneas. Para la persona que ha llorado por días, y que ha perdido varios kilos de peso, o que se ha comido todas las uñas, es fácil imaginarse el alivio que recibe cuando recobra algo de respeto propio. Entonces, cuando el cónyuge muestra también algo de respeto por primera vez en muchos meses, el efecto es emocionante. Como observador a la distancia, ¡me encanta eso también!

P. Hace varios meses mi esposo me anunció que va a divorciarse de mí, para casarse con otra mujer. Desde entonces la ha estado viendo con regularidad, pero no se ha ido de casa y parece estar confundido. Ha perdido siete kilos de peso, y se le ve muy mal. ¿Qué piensa usted que le cruza por la mente? A mí no me habla acerca de sus sentimientos, y se enfurece cuando le hago preguntas.

R. Es muy probable que su esposo esté sufriendo la culpabilidad y el conflicto que por lo general acompaña a un acto tan egoísta y pecaminoso como es la infidelidad. Dios ha colocado una vocecita en el alma humana que grita frenéticamente en tales momentos, aun cuando algunos hemos aprendido a taparle la boca de un manotazo. Incluso cuando ignoramos su actitud de condena, la conciencia es un oponente formidable contra la irresponsabilidad, y no permitirá violaciones de las leyes morales sin presentar batalla feroz. No es raro que la persona que se halla en tal situación experimente cierta lucha interna que puede resolverse únicamente en una de tres maneras: (1) la conciencia gana y la persona retorna a la vida recta; (2) la persona racionaliza tan eficazmente su conducta que comienza a parecerle pura y santa; o (3) la conciencia gana pero la persona persiste en hacer de todas maneras lo que estaba haciendo.

Las personas que se hallan en esta tercera categoría, donde posiblemente se halle su esposo, tal vez sean las más miserables de toda la tierra. Su conducta contradice su código personal de ética, y todos los intentos de reconciliar las dos cosas resultan inútiles. Dicho de otra manera, esos individuos libran una pelea de perros con su conciencia, y el pelaje vuela en todas direcciones. De tal desarmonía pueden resultar no sólo desórdenes psicológicos sino también enfermedades físicas. Una persona que atraviesa semejante conflicto interno a menudo es víctima de la depresión, de la pérdida de peso y del insomnio. La lucha es extremadamente incómoda para la persona sensible.

Si tenemos razón en cuanto a lo que piensa su esposo, usted puede esperar que tomará una decisión muy rápidamente en cuanto a usted o a la otra mujer. Es simplemente demasiado doloroso permanecer en un estado de suspenso entre el bien y el mal. Le aconsejo que busque ayuda profesional competente en cuanto a si este es el momento de exigir a su esposo que haga su elección. Con los escasos datos que usted indica, yo me inclinaría en tal dirección.

P. Siempre he creído que el matrimonio debe basarse en el amor *incondicional*. Es decir, el compromiso del uno con el otro debe ser independiente de la conducta, sin importar cuán ofensiva o infiel pueda ser. Pero su concepto de exigirse cuentas mutuamente en el matrimonio parece decir: «Te amaré mientras hagas lo que yo quiero.»

R. Usted ha entendido mal mi punto de vista. Las limitaciones del lenguaje hacen difícil explicar adecuadamente este concepto, pero permítame intentarlo de nuevo. Creo en la validez del amor incondicional, y en realidad, la responsabilidad y el exigirse cuentas mutuamente que he recomendado es una expresión de ese amor. Por ejemplo, si un esposo (o una esposa) se está comportando de una manera en que se hace daño a sí mismo, a sus hijos, a su matrimonio y a la familia de «la otra», entonces confrontarlo con sus hechos es un acto de amor. La respuesta más fácil de parte del cónyuge inocente sería hacerse de la vista gorda y simular que no nota nada. Desde mi perspectiva, eso es como si los padres se negaran a exigirle al hijo de catorce años una explicación de por qué regresó a casa borracho a las cuatro de la madrugada. Esos padres están en la obligación de crear una crisis como reacción a una conducta destructiva. Lo que estoy tratando de decir es que el *amor incondicional* no es sinónimo de una actitud permisiva, ni de pasividad o debilidad. Algunas veces requiere firmeza y disciplina, y el exigir cuentas.

P. Cuando mi esposa me dejó por otro hombre, me sentí como si fuera yo el culpable. Todavía me siento de esa manera. Nunca he mirado siquiera a otra mujer; sin embargo, me echo la culpa de su infidelidad. Racionalmente, sé que estoy siendo injusto conmigo mismo, pero no puedo evitarlo. ¿Podría, acaso?

R. La reacción típica de una víctima, como usted, es echarse toda la responsabilidad de la conducta de un cónyuge infiel. He tratado de esa situación en un libro anterior, y pienso que será útil citar aquí una porción de dicha fuente:

Siempre ha sido una sorpresa para mí observar cuán a menudo el cónyuge herido —la persona que fue claramente la víctima de la irresponsabilidad del otro— es quien sufre los remordimientos más fuertes de culpa y los sentimientos de inferioridad. La persona que trata de mantener el matrimonio, enfrentándose incluso al obvio rechazo, a menudo se sorprende preguntándose: «¿En qué le fallé yo? Simplemente no soy suficiente mujer como para retener a mi esposo… No sirvo para nada, porque si sirviera él no me habría dejado… Si yo sólo supiera cómo ser más entusiasta en nuestras relaciones sexuales… Yo lo empujé a que se fuera… No soy lo suficientemente bonita… No lo merezco, después de todo.»

La culpa de la desintegración matrimonial muy rara vez es culpa de uno solo de los cónyuges. Se requieren dos para cantar un dúo, y, como se dice, siempre hay alguna medida de culpa de ambos en un divorcio. Sin embargo, cuando uno de los cónyuges toma la decisión de comportarse irresponsablemente, y se enreda en amoríos extramaritales, o huye de los compromisos y obligaciones que tiene con su familia, con frecuencia trata de justificar su conducta exagerando los fracasos de su cónyuge. «Tú no has sabido satisfacer mis necesidades; por consiguiente, tuve que buscar satisfacerlas en otra parte», es la acusación conocida. Al atizar así el sentimiento de culpa en su cónyuge, reduce su propia culpabilidad. Un cónyuge que adolece ya de un pobre concepto de sí mismo acepta esas acusaciones y recriminaciones con si fueran una verdad innegable. «Sí, fue mi culpa. Te empujé a todo esto.» De este modo, la víctima acepta toda la culpa por la irresponsabilidad de su cónyuge, y su concepto de sí misma se despedaza todavía más.

No recomiendo que usted se quede aborreciendo hasta la memoria de su esposo. La amargura y el resentimiento son cánceres emocionales que nos corroen por dentro. Le animo, sin embargo, a que examine los hechos cuidadosamente. Debe buscar respuestas a preguntas tales como: «A pesar de mis debilidades humanas, ¿concedí valor a mi matrimonio y traté de preservarlo? ¿Fue mi esposo quien decidió destruir nuestro matrimonio y buscar justificación para sus acciones? ¿Se me concedió una oportunidad justa para resolver los aspectos de más intensa irritación? ¿Pude haber retenido a mi cónyuge si hubiera hecho los cambios que él quería que hiciera? ¿Es razonable que me odie a mí misma por esto que me ha ocurrido?»

Usted debe saber que el rechazo social produce sentimientos de inferioridad y de autocompasión en enormes proporciones. El rechazo de parte de un ser querido, particularmente, es el más poderoso destructor del amor propio que hay en todas las esferas de la vida. Usted podría comenzar a verse como una víctima en este proceso, en lugar de sentirse como si fuera un indigno fracaso en el juego del amor.[1]

P. Mi esposa trató de hacerme sentir culpable cuando se fue. Con cólera me echó la culpa del divorcio, a pesar de mis desesperados esfuerzos por conservar el matrimonio. En opinión de ella, fracasé tan miserablemente como esposo que se vio obligada a enredarse con su jefe. ¿Está usted diciendo que esta transferencia de responsabilidad es típica cuando un cónyuge ha sido infiel?

R. Sí, con frecuencia eso es lo que ocurre. La culpa es una emoción muy dolorosa, y la persona que voluntariamente está destrozando un hogar por buscar un nuevo amor se

[1] *Dr. Dobson Answers Your Questions,* Tyndale House, Wheaton, IL, 1982, pp. 306-7.

encuentra en una posición muy incómoda. Siente el peso de la condenación de parte de cuatro fuentes principales: de parte del cónyuge rechazado, de sus hijos, de sus amigos y conocidos, y de parte de Dios. Para justificar su conducta, enérgicamente construye una defensa verbal contra quienes podrían testificar en su contra en un tribunal moral. Su propósito, por supuesto, es procurar que el adulterio parezca razonable y hasta bueno. ¡Eso requiere mucha creatividad! Pregúntese a cualquier víctima de un enredo amoroso, y probablemente dirá que ha oído alguna versión especializada de las siguientes racionalizaciones:

1. *Para resolver la culpa marital…* «Sé que lo que ahora hago es duro para ti; pero algún día comprenderás que es lo mejor para los dos. En realidad, nunca te quise, ni siquiera cuando éramos jóvenes. En realidad, nunca debíamos habernos casado. Además, este divorcio es realmente tu culpa. Tú fuiste la que me obligó a hacerlo, debido a tus (insértense aquí todas las quejas, tales como frigidez, problemas con los parientes políticos, hostigamiento, exceso de trabajo, y todo lo imaginable).»

   Este mensaje tiene un propósito claro como el agua. La primera frase purifica maravillosamente los motivos del cónyuge infiel. En realidad está diciendo: «Estoy haciendo esto por tu bien.» La segunda frase es también maravillosa. Está destinada a servir como una «anulación» del matrimonio en lugar de un cruel abandono de una persona amada. Al decir que nunca debieron haberse casado, su unión se convierte en una infortunada equivocación antes que ser una relación que Dios mismo ha ordenado y unido. (Enrique VIII usó ese enfoque para expulsar a su primera esposa, Catalina de Aragón.) Luego, al poner el resto de la responsabilidad sobre la otra parte, lo que queda de la culpa es transferido con éxito del culpable al inocente. Todo eso en cuanto a los votos matrimoniales. Ahora tratemos con los hijos.

2. *Para resolver la culpa paternal…* «Eso será duro para los hijos

por un tiempo, pero será mejor para ellos a la larga. No es saludable que nos vean pelear y discutir como lo hemos venido haciendo. Además, pasaré con ellos tanto tiempo después que las cosas se calmen, como lo he estado haciendo siempre.»

La culpa acerca de los hijos también se pone a un lado. ¿Creerían ustedes que las escapadas de papá con otra mujer, o la fuga de mamá con Don Juan es algo realmente constructivo? No se preocupen por lo que los hijos ven y comprenden con sus grandes y hermosos ojos. No presten atención a las conclusiones acerca del por qué mamá o papá se fue de casa, y por qué él o ella ya no los quiere, o por qué Dios permitió que esto ocurriera, o por qué el divorcio parece ser culpa de ellos, y por qué la vida es tan dolorosa y atemorizante. Trate de ignorar el hecho de que todo lo que era estable se descose en la vida de unos cuantos pequeños muy impresionables y sensibles. No piense en eso, y tal vez el golpeteo de los latidos de su corazón se normalizará pronto. La culpa acerca de los hijos puede ser lo más difícil de racionalizar, pero, afortunadamente, hay cientos de libros y cintas grabadas que le enseñarán cómo acallar los gritos de su conciencia.

3. *Para resolver la culpa social…* «Estoy seguro de que nuestros amigos no entenderán esto al principio, y casi no puedo esperar a oír lo que tu madre va a decir. Pero es como le dije al pastor la semana pasada, nuestro divorcio en realidad no es culpa de nadie. Sencillamente nos hemos alejado el uno del otro. La gente cambia con el paso de los años, y las relaciones tienen que cambiar para acomodarse a esos cambios.» (Si es una mujer la que está hablando, tal vez diga: «Además, tengo derecho de hacer alguna vez lo que sea mejor para mí. Toda mi vida la he dedicado a alguna otra persona, ahora es tiempo de que piense en mí misma. Es simplemente justo que yo entre en el cuadro en algún momento, y este es ese momento. De todas maneras, lo que es bueno para mí demostrará ser lo mejor para ti y para los hijos también.»

Esa manera de razonar les ha sido provista a las mujeres

de la actualidad, casi palabra por palabra, por los elementos más radicales del movimiento feminista. Es sólo una de las muchas racionalizaciones mediante las cuales se puede purificar el egoísmo y hacerlo aparecer como altruista. Veamos la cuarta.

4. *Para resolver la culpa divina…* «Ya he orado sobre esta decisión, y tengo la seguridad de que Dios aprueba lo que he decidido hacer.»

Allí lo tiene, a todo color, la última palabra de la racionalización. Si el Creador, en su infinita sabiduría, ha tomado en consideración el asunto, y ha determinado que el divorcio es lo mejor para todos, ¿quién se atreverá a argumentar más sobre el asunto? La conversación se ha terminado. El pecado ha quedado santificado. La culpa ha sido borrada. El respeto propio restaurado… y, vaya, el pecado ha prevalecido. Habiendo resuelto el problema de los «cuatro grandes», todo obstáculo moral y espiritual queda eliminado. El escenario está listo para la separación y el divorcio.

P. Sé que mi esposo es un mujeriego, que no puede resistir ninguna falda. ¿Va a ser siempre así? ¿Podré lograr que cambie?

R. Es muy difícil, si acaso no imposible, cambiar a una persona. No logrará conseguirlo hostigándolo, quejándose o castigándolo. Eso solamente hace que la persona se obstine más, y que pelee hasta el final. Lo que usted puede hacer es lo que he sugerido en este libro: deje bien en claro delante de su esposo que no puede tenerla a usted y a su harén también, y que él debe elegir entre su lujuria y el amor. Desafortunadamente, el simple hecho de poner esas alternativas delante de él en forma verbal no logrará obligarlo a seleccionar lo uno o lo otro. Él preferiría tener ambos juguetes. Esa es la razón por la cual probablemente llegará la ocasión para la firmeza amorosa, cuando usted tendrá que respaldar sus palabras con acciones firmes y definidas. Cuando llegue esa hora difícil, recuerde que Dios puede cambiar a su esposo, y que la crisis puede ser el medio divino para hacer que él vuelva a sus cabales.

P. Usted implica que su filosofía del amor firme tiene una aplicabilidad mucho más amplia. Entiendo el papel de ella para la restauración de un matrimonio en dificultades. ¿Cómo puede funcionar en una buena relación?

R. La mejor manera de conservar saludable un matrimonio es mantener un sistema de exigirse cuentas mutuamente, dentro del contexto del amor. Hablando personalmente, el secreto de mi hermosa relación con Shirley por los pasados veintitrés años ha incluido la protección cuidadosa de la «línea de respeto» entre los dos. Es un concepto difícil de explicar, y su función es diferente de una personalidad a la otra. Tal vez al explicar cómo funciona entre Shirley y yo sirva para que usted adapte el principio a sus propias circunstancias.

Suponga que una noche dada me quedo en mi oficina trabajando dos horas más allá de lo acostumbrado, sabiendo que Shirley está preparando una cena especial. El teléfono está sobre mi escritorio, pero no tengo la cortesía de llamarla para darle una breve explicación. Cuando las horas pasan, Shirley envuelve la comida fría en papel de aluminio y la pone en el refrigerador. Suponga entonces que, cuando al fin llego a casa, no le pido ninguna disculpa. En lugar de eso, me siento en un sillón y me pongo a leer el periódico, y abruptamente le digo a Shirley que aliste mi cena. Usted puede apostar que habrá más que chispas en la casa de los Dobson por los siguientes minutos. Shirley con todo derecho interpretará mi conducta como insultante, y se levantará para defender la «línea de respeto» entre nosotros. Vendrán las explicaciones necesarias, y la próxima vez seré más considerado.

Veamos el asunto desde otro ángulo. Supongamos que Shirley sabe que necesito el automóvil a las dos de la tarde para una gestión importante; pero ella me deja esperando a propósito. Tal vez se queda conversando en un restaurante con una amiga, tomando café y charlando. Entretanto doy vueltas incesantes en la casa, preguntándome dónde estará ella. Es más que seguro que mi esposa oirá mi descontento cuando llegue a casa. Fue violada la «línea de respeto», aun cuando la ofensa haya sido algo menor.

Eso es lo que quiero indicar por exigirse mutuamente cuentas. Tales conflictos menores en un matrimonio juegan un papel positivo para establecer lo que es una conducta aceptable y lo que no lo es. Algunos casos de falta de respeto son tonterías, como los dos ejemplos que he dado, pero cuando se les permite que pasen sin notarlos, dos cosas pueden ocurrir. En primer lugar, el ofensor no se da cuenta de que ha traspasado la línea, y lo más probable es que repetirá la indiscreción más adelante. En realidad, tal vez la próxima vez se meta más en el territorio de la otra persona. En segundo lugar, la persona que se siente insultada interioriza su pequeña irritación en lugar de ventilarla. A medida que crece la interpretación de la falta de respeto y la correspondiente agitación se acumula en el tanque de almacenaje, se prepara el escenario para una posible explosión, en lugar de que ocurra una serie de ventilaciones menores.

Lo que estoy diciendo es que hay algunas cosas por las cuales vale la pena luchar, y a la cabeza de la lista está la «línea de respeto». La mayoría de mis conflictos con Shirley han tenido lugar acerca de alguna conducta que uno de los dos interpretó como contraproducente para la relación. Shirley tal vez me diga: «Jim, lo que hiciste fue algo egoísta, y no puedo pasarlo por alto.» Ella tiene cuidado de no insultarme durante la confrontación, conservando su crítica enfocada en el comportamiento que objeta.

Un sistema funcional de frenos y equilibrios de esta naturaleza ayuda a la pareja a conservar su matrimonio en una carrera de resistencia más bien que en una carrera de velocidad. Y puedo asegurarle que Shirley y yo tenemos la intención de correr juntos hasta el final.

P. Su filosofía contradice lo que me han enseñado otros líderes evangélicos, que dicen que como creyentes «no tenemos derechos». Si entiendo bien lo que dicen, no debo notar ni siquiera los asomos de falta de respeto porque no tengo ningún derecho que deba defender. ¿Está usted en desacuerdo?

R. Tal vez. La filosofía de «ningún derecho» sería irrebatible si ambos cónyuges fueran maduros, nada egoístas y totalmente amorosos. Desafortunadamente, todos tenemos imperfecciones y deseos egoístas. Por consiguiente, necesitamos refuerzos y responsabilidades para hacer lo que es correcto. Cuando sólo uno de los miembros de la familia sigue el concepto de «la falta de derechos», y trata de ponerlo en práctica, el matrimonio puede hacerse pedazos. ¿Por qué? Porque el cónyuge que no participa de tal concepto comenzará a traspasar la «línea de respeto». Se apropiará de la mayor parte de todo: dinero, sexo, poder, diversión y juegos. Conociendo la obligación espiritual de su cónyuge, se siente con derecho divino de hacer lo que le venga en gana.

El cónyuge creyente que se aferra desesperadamente a esa comprensión teológica no está hecho de hierro, ni tampoco es ciego. Observa vez tras vez la falta de respeto, y hace lo mejor que puede por no prestarle atención. Pero cada ocasión se acumula directamente en la memoria, sea que desee guardarla o no. Así es como estamos hechos. Entonces un día, cuando su firmeza se ha debilitado, tal vez debido al agotamiento, o, en el caso de una mujer, durante las presiones antes de la menstruación, puede ocurrir una explosión que tal vez casi le arranque la cabeza al sorprendido esposo. Una posición de «ningún derecho» hubiera sacado adelante a esa persona en una carrera corta; desafortunadamente, la vida es algo diario, y el corredor se debilita en la colina de la angustia.

Debo apresurarme a ofrecer una aclaración importante. *Cualquier* recomendación puede ser llevada a los extremos, incluso la de la «línea de respeto». Hay millones de mujeres que no necesitan nada más que una excusa para hostigar a su esposo por supuestas violaciones de algún tipo. Saben hacer eso mejor que ninguna otra cosa. Sus pobres esposos viven en un constante diluvio de quejas y críticas, sabiendo que no pueden hacer *nada* bien. Y encima de eso, aquí viene Dobson con el consejo de: «¡Exíjanles cuentas, señoras!»

Eso no es lo que he intentado decir. Recuérdese que 1 Corintios 13:5 nos dice que el amor «no se irrita», no es fácilmente provocado. Esa tolerancia es evidente en los buenos matrimonios. Los esposos y las esposas deben hacerse de la vista gorda a multitud de faltas en el otro, y no lanzar gritos desaforados por la paja en el ojo ajeno, mientras que el acusador tiene una viga en el suyo propio. La ira prolongada puede matar un matrimonio, sobre todo cuando refleja ofensas que se han percibido en el pasado y que nunca han sido perdonadas.

De ese modo el concepto del amor firme no sugiere que la gente se torne quisquillosa o susceptible en asuntos insignificantes; lo que sí sostiene es que deben reconocerse los casos genuinos de falta de respeto, y resolverlos dentro del contexto del amor. Cuando ocurren violaciones mayores que amenazan la relación, tales como el esposo de Linda corriendo noche tras noche a ver a la sensual divorciada, deben ser encaradas de frente. Al confrontarlo cuando él llegaba a casa, ella no habría estado luchando por sus «derechos», de ninguna manera; lo que habría estado defendiendo era su matrimonio. Ya hemos visto lo que ocurre cuanto no hay esa defensa.

P. ¿Podría explicar un poco más acerca de lo que usted quiere decir por el principio de «línea de respeto», a fin de entenderlo con mayor cabalidad? ¿Trata usted con esa idea a menudo en la consejería matrimonial que ofrece?

R. Prácticamente en toda familia en problemas ha sido destruida la «línea de respeto». Algunas veces la mujer se ha metido en el territorio del esposo; otras veces es él quien se ha apropiado del de ella. De cualquier manera, antes que pasen siquiera cinco minutos en mi oficina, se hace evidente que hay una ausencia de equidad de parte de uno de los dos cónyuges. El siguiente es un ejemplo extremo, descrito por una mujer cuya línea está ahora destruida:

> Mi esposo y yo tenemos tres hijos, y yo paso con ellos día y noche debido a que no sé conducir el automóvil. Mi esposo no quiere que vaya a ninguna parte. Es muy dominante. Él maneja todo el dinero, y decide cómo se va a gastar cada centavo.
>
> La semana pasada fue terrible. Miguel no quería que los niños cantaran ni hablaran en el automóvil. Nos ordena que nos vayamos a la cama a cierta hora, y controla todos los canales de televisión y las estaciones de radio. Me gusta escucharlo a usted en una estación de radio evangélica, pero cuando él está en casa no me deja escucharla. Cambia las estaciones y luego baja al primer piso. Algunas veces grabo secretamente sus programas, y los escucho después que Miguel se ha ido. La abuela de él vive con nosotros también, y ella piensa que él es cruel con toda la familia.
>
> Nunca iría a ningún lado si no fuera por buenos vecinos que me llevan a algunas reuniones de la iglesia. Me siento como que no tengo ninguna libertad, y mis nervios comienzan a alterarse. Los niños le tienen miedo a Miguel también.
>
> Cualquier cosa que usted pudiera hacer para ayudarme será apreciada enormemente.

Afortunadamente, en la mayoría de los casos no hay tanta ausencia de respeto como en el presente, pero este ilustra el problema. Si yo estuviera atendiendo a esa mujer, mi objetivo sería enseñarle cómo mantenerse firme ante su esposo, sin desbaratar su matrimonio. Esa sería una tarea muy delicada.

P. Tengo un amigo médico que parece no poder resistir los encantos de las mujeres que son pacientes suyas. Su matrimonio está en serias dificultades, aun cuando sé que quiere mucho a su esposa. ¿Podría explicar la dinámica psicológica en este tipo de problemas, y decirme lo que podría decir yo para ayudar a mi amigo?

R. Una pregunta similar fue planteada recientemente en la revista *Christian Medical Society Journal,* donde se hacía referencia a un excelente artículo escrito por el doctor Merville Vincent, titulado «El bienestar del propio médico.» El doctor Vincent consideró doce suposiciones peligrosas que pueden arruinar la carrera de un médico. Una de esas suposiciones, mencionada a continuación, es que el médico se considere el don de Dios para las mujeres.

Algunas mujeres se enamoran de su médico. El escenario es a menudo algo así como lo que sigue. La paciente es una señora joven con una enfermedad sencilla, infeliz en su matrimonio o divorciada. Va a ver al médico no sólo con sus quejas específicas sino en un momento en que se siente atemorizada y desvalida. En su consultorio, el médico se ve fuerte, confiando en sí mismo, en calma y atento. Sabe lo que tiene que hacer, y lo hace. La atiende en sus problemas presentes. Ella siente alivio, y la confianza que el médico demuestra le da fuerzas. Ella comienza a pensar: «¿No es una persona maravillosa? Sería lindo tenerlo en casa.» Mientras tanto, en la casa del mismo médico, su esposa también piensa: «Sería lindo tenerlo en casa». O con menos amabilidad: «Si los pacientes pudieran verlo como yo lo veo.»

Lo siguiente que hace nuestra paciente es decirle al médico que él es maravilloso. Él de inmediato está de acuerdo, y después de pensarlo cuidadosamente, concluye que ella es un genio y desea que su esposa fuera igualmente de lista. Se dice a sí mismo: «Esa mujer sí que sabe juzgar a los hombres.»

El problema es que él confunde las necesidades de ella por las cualidades de él. Típicamente, la situación involucra a dos personas con necesidades insatisfechas. El médico que se arriesga es alguien cuyas necesidades no son satisfechas en casa. Algunas veces esto ha ocurrido debido a su profesión; algunas veces debido a que él niega tener tales

---

[2] Vincent, M. O., *The Physician's Own Well-Being,* Annals Royal College of Physicians and Surgeons of Canada, 1981, vol. 14, 4, 277-81.

necesidades. A menudo su esposa está cansada de dar de sí misma, con casi ningún intento evidente de parte de su esposo por satisfacer las múltiples necesidades que ella tiene por un esposo y padre para los hijos. Ella está ahora exigiendo a su esposo que haga algo en casa. Está cansada de sentirse nada más que como la sirvienta de la casa y compañera sexual. A menudo él responde a esas exigencias sintiendo que no se le aprecia y que se le considera nada más que el que gana el pan para la familia. En semejante situación, es una presa fácil para una relación con una mujer cuyas necesidades la hacen igualmente vulnerable. El enredo amoroso al principio no sólo estimula en ambos el decadente concepto de sí mismo, sino que parece ofrecerle al médico una relación en la cual puede recibir mucha mayor admiración de la que recibe en casa y mucha menos responsabilidad. Ella, que no tiene ningún derecho sobre ese hombre, puede ser cariñosa y mostrar aceptación al principio. Entretanto su esposa, que siente que tiene derecho sobre él, se pone más iracunda y frustrada por su ausencia del hogar. Más tarde la otra comienza a sentir celos. Ahora, el médico, agotado emocional y físicamente, siente que tiene dos mujeres exigentes, y que ninguna de las dos se preocupa por él.

¿Cómo podría haberse prevenido semejante situación? Ante todo, hay que darse cuenta de que ocurre, y que comienza principalmente debido a los papeles de las personas involucradas. Darse cuenta de que comienza debido a las necesidades de la mujer, no debido a las cualidades del médico. Darse cuenta de que cuando usted satisface con una respuesta erótica las necesidades de dependencia, usted se convierte en parte del problema, no en parte de la solución. La mejor prevención es asegurarse de que sus propias necesidades de sentirse amado (necesidades dependientes) son satisfechas. Esas necesidades reciben mejor satisfacción dentro del matrimonio, donde hay reciprocidad para satisfacerlas mutuamente. Tal vez la señal más temprana de peligro es cuando usted comienza a sentir que sus pacientes lo aprecian y lo quieren más que su esposa o su familia. El próximo paso tal vez sea pasar más tiempo con sus pacientes y menos con su esposa.

P. Mi esposo es un hombre muy atractivo, presidente de su propia compañía, y muy joven. Sé que las mujeres lo persiguen, sobre todo algunas secretarias divorciadas que constantemente flirtean con él. Estoy en casa criando tres hijos, y debo admitir que me preocupa cómo poder retener a Daniel. Pienso que él me ha sido fiel, pero me pregunto si siempre podrá rechazar las oportunidades que se le presentan. Quiero decir, él viene a casa y me cuenta lo que esas mujeres hacen o dicen, y casi no puedo creerlo. Prácticamente se le ofrecen. ¿Qué puedo hacer para retener a mi esposo a mi lado?

R. Hace veinte años su pregunta hubiera parecido una preocupación innecesaria, y hasta ridícula. Pero actualmente tiene mucho sentido; el mundo ha cambiado hasta ese punto. Siempre ha habido enredos sexuales, pero nunca han sido tan abiertos como lo son ahora, y nunca los hombres y las mujeres han sido tan audaces para perseguirse los unos a los otros. Yendo al punto en cuanto a su preocupación, ya no se considera prohibido que una mujer seduzca conscientemente a un hombre casado, aun cuando él tenga varios hijos. Se considera presa de cualquier mujer que pueda seducirlo y separarlo de su familia. Una mujer me dijo recientemente que su atractivo esposo le cuenta que las mujeres se arriman a propósito a él en los medios del transporte público, diciéndole comentarios de color subido. Los hombres son igualmente audaces al perseguir a las mujeres, sean casadas o no. De modo que la preocupación que usted expresa en su pregunta tiene suficiente fundamento.

Sin embargo, la solución no consiste en «retener» a Daniel. Usted no debe construir una jaula alrededor de él, intentando reducir las ansiedades que la acosan. Eso sólo añadiría tensión innecesaria a su relación. Daniel debe quedarse con usted sólo por voluntad propia de él, la misma razón por la cual se casó con usted, después de todo. El amor debe ser libre, incluso en un mundo de intriga y deslealtad sexual.

Tal vez sea útil ofrecerle un par de puntos de vista que quizás no se le hayan ocurrido a usted. Daniel es principalmente responsable, de una manera u otra, por la inseguridad que usted siente. Él podría mitigar sus temores, si lo quisiera. Es tarea relativamente simple para un hombre decirle a su esposa que está comprometido con ella de por vida. En lugar de hacer eso, Daniel regularmente le está contando acerca de las mujeres atractivas que lo rodean y que le suplican sus favores. Esa es la fuente de su ansiedad. En realidad, la mayoría de los casos de «ansiedad de competencia» entre las amas de casa puede atribuirse a esposos como Daniel que en forma sutil crean la inseguridad en sus esposas.

¿Por qué haría un hombre tal cosa? ¿Qué puede ganar colocando a su cónyuge en suspenso sobre algo tan básico como el compromiso matrimonial? Pues bien, el ego masculino siempre disfruta al ser deseado por las mujeres, muchas mujeres. Por eso un hombre casado flirtea con las empleadas, aun cuando no tenga intención de ser infiel. Además, le cuenta a su esposa sobre esas admiradoras para ganar «poder» en su relación. Conscientemente o no, con esos informes le está diciendo: «Mejor me tratas bien, porque hay un montón de mujeres que están esperando para ponerme las manos encima.»

En algún punto en su conversación con su esposo, usted debe hablar con él sobre esa dinámica. No estoy sugiriendo que usted lo hostigue con acusaciones y quejas, sino que debe buscar la oportunidad para expresar sus emociones y sentimientos, y poner en la perspectiva adecuada la cuestión de la competencia. Las familias más saludables son las que pueden hablar de esas cuestiones delicadas en un ambiente de franqueza y aceptación.

Antes que dicha conversación tenga lugar, sin embargo, pienso que debe considerar otro asunto relacionado. La manera en que usted expresa su pregunta implica que su amor propio no es muy elevado. ¿Por qué tengo la impresión de que usted se ve como una simple ama de casa en un mundo de mujeres abogados, atletas o congresistas? ¿Se siente inferior a las mujeres de negocios? ¿Es acaso posible que usted se sienta afortunada por haber podido «cazar» a un hombre atractivo y de éxito, y que esté preguntándose cuánto durará la ilusión? Si hay esas secretas debilidades en el concepto que usted tiene de sí misma, todas se reflejarán en su relación con su esposo. Él percibirá sus temores, su dependencia nada saludable, su «indignidad» de tener su amor. Usted debe convencerse de que aporta a su familia tanto como lo hace su esposo, y que no fue la única afortunada en casarse con Daniel, sino que él también fue un tipo muy afortunado al casarse con usted.

Ha llegado el momento del examen final. Usted ha asistido a mi curso sobre la *firmeza amorosa* por un semestre entero, y ha llegado la hora de demostrar lo que ha aprendido. A continuación se incluye un examen, una carta prototipo de muchísimas que he recibido. Léala, y responda a las preguntas que siguen, según como usted piensa que yo lo haría, y luego exprese sus propios puntos de vista sobre esas cuestiones.

Estimado doctor Dobson:

Espero que usted pueda dedicar unos minutos de su tiempo para tratar de ayudarme. Me siento realmente desesperada, y le pido a Dios que usted tenga alguna respuesta para mí.

Mi esposo y yo nos casamos muy jóvenes, y después de cuatro años, él comenzó a enredarse en líos amorosos. Eso duró como dos años, antes que se convirtiera a Cristo. Después de eso, como por seis años, las cosas marcharon muy bien. Él es vendedor de seguros, y le ha ido muy bien en lo económico. Pero entonces comenzó a tener amoríos con una mujer de nuestra iglesia. Duró sólo un corto tiempo, y ninguno de los demás miembros se enteraron del asunto. Nos mudamos a otra ciudad para alejarnos de ella. Desde entonces ha sido una mujer tras otra, siendo la última mi propia vecina. Él se ha marchado de casa y ha regresado ya por seis ocasiones. La última vez que regresó fue en septiembre, y no se ha ido desde entonces, aun cuando los amoríos con mi vecina no han terminado. Hemos estado tratando de restaurar nuestro matrimonio desde entonces; pero encuentro que cada vez es más difícil para mí, en lugar de ser cada vez más fácil. Mi mente es un torbellino.

No puedo aceptar cuando él me dice «Te quiero». (Él no tiene idea de lo que eso quiere decir, y no parece estar dispuesto a hablar sobre la cuestión tampoco.) Me siento muy perturbada. No sé qué hacer. Por años, mi gran temor ha sido: «¿Volverá a ocurrir?» Y muy pronto ocurría. ¿Estaría yo mejor con él o sin él? La otra mujer es espiritualmente todo lo contrario de lo que yo soy. Ella y sus tres hijos se han mudado a mi casa ahora, lo cual encuentro insoportable. (El esposo de esa otra mujer se divorció de ella.)

Doctor Dobson, mi mente está atiborrada de preguntas, y pienso que mi principal problema es: «¿Qué siente él verdaderamente por esa otra mujer?» Algunas veces él se queda tan callado y quieto, y por supuesto supongo que está pensando en ella. Él tiene treinta y ocho años, y si sinceramente creyera que sus problemas ocurren debido al «cambio de vida», probablemente podría manejarlos mejor. Pero lo veo más bien como un patrón en toda su vida.

El acto sexual es de extrema importancia para mi esposo; creo que demasiado. Me dice que no tiene «ninguna queja» en lo que a mí respecta. Un comentario que me dijo en cierta ocasión fue: «Siempre regreso a ti; eso debe decirte algo.»

No quiere dejarme trabajar (yo podría interesarme en algún otro), y no cree en la consejería, y se pondría furioso si supiera que le estoy escribiendo esta carta.

Me siento tan turbada que no sé qué hacer. Nuestra familia ha quedado devastada por esto, y siento como si Satanás nos estuviera persiguiendo en forma especial. ¿Qué sugiere que pudiera hacer yo para restaurar nuestro matrimonio?

María

EXAMEN FINAL

1. Haga una lista de los errores que ha cometido María; subraye el primero y el más serio.
2. ¿Qué piensa ahora probablemente su esposo?
3. ¿Cómo ve él a su esposa?
4. El esposo le dijo a María: «Siempre regreso a ti; eso debe decirte algo.» ¿Qué le dice eso a ella?
5. Él no permite que María vaya a trabajar por temor de que ella pudiera encontrar otro hombre. ¿Qué dice eso en cuanto al poder que ella posee sobre su esposo?
6. ¿Continuará su esposo en sus enredos amorosos?
7. ¿Por qué supone usted que María ha dejado que su esposo se comporte como se le antoja?
8. ¿Puede salvarse ese matrimonio?
9. ¿Qué consejo le daría usted a María?

LAS RESPUESTAS DE DOBSON

1. Creo que María cometió siete errores:
   a. *Según parece cometió un error al no provocar una crisis cuando ocurrió el primer acto de infidelidad de su esposo, permitiendo que el enredo durara dos años.*
   b. Cooperó para ocultar su segundo enredo sexual, con una mujer de la iglesia. Si él se hubiera arrepentido, habría sido mejor guardar en secreto el asunto. Al no ser así, debió haber buscado la intervención del pastor.
   c. Le permitió que se fuera de la casa y que regresara, permitiéndole que volviera sin ningún compromiso a ser fiel. En realidad, su amorío con su vecina continuó sin interrupción alguna.
   d. Escondió sus verdaderos sentimientos en cuanto a su falso concepto del amor. Tampoco le mencionó sus grandes temores por su continua infidelidad. ¿Por qué? Debido a que trataba de apaciguar a su esposo. Él pudiera haberla dejado si se atrevía a quejarse.

e. Para colmo, ¡permitió que la otra mujer y sus tres hijos fueran a vivir permanentemente a su casa!

f. Continuó satisfaciendo las necesidades sexuales de su esposo, como si nada hubiera pasado. Él evidentemente disfrutaba alegremente brincando de cama a cama.

g. Permitió que ese hombre irrespetuoso e infiel siguiera siendo su líder («No quiere dejarme trabajar»). Ella debió haber comenzado a prepararse para sobrevivir económicamente en caso de que él decidiera abandonarla.

Por las medidas indicadas, María demostró un amor *débil*. ¡Lo que ella necesita desesperadamente es el amor firme!

2. Él está tratando de decidir si dejar a su esposa o no.

3. Él ve a su esposa como una buena mujer, pero también como una patética enclenque que lo deja que se salga con la suya. Le falta totalmente el respeto.

4. Le dice a ella (1) que él todavía se preocupa por ella, de cierta manera, y (2) que no la respeta para nada. Su declaración lo pone en el lugar del amo que le tira un hueso al perro agradecido. Ella debiera responderle: «¿Quién lo necesita?»

5. Esa afirmación es la línea más importante de la carta. Si yo estuviera aconsejando a María, construiría toda la estrategia sobre la implicación de esas palabras. Lo que dicen, en realidad, es que ese hombre quiere a María lo suficiente como para sentirse celoso de ella. No quiere que nadie siquiera se le acerque. Eso debiera darle a ella la confianza suficiente para enfrentar su desplante, y poner la relación en orden. Pienso que él cedería en una crisis.

6. Sí, a menos que María le quite los juguetes.

7. Ella está aterrorizada: por la soledad, el rechazo, el divorcio, la ruina económica, los hijos a su cargo, la vergüenza, la violencia física y lo desconocido. También padece de un pobre amor propio, lo cual la tiene inmovilizada.

8. Lo más probable es que sí *puede* salvarse. Mucho depende del valor de María.

9. María debe pedir a su libertino esposo que se vaya de la casa y se lleve a su amante (y a sus tres hijos) con él. Déjelo que

juegue con su harén hasta que se hastíe de la vida disoluta. Ella debe conseguirse un empleo y prepararse para un largo invierno. Cuando él retorne a casa deseando una reconciliación, les aconsejaría que restauren por completo su relación con la ayuda de un consejero evangélico. Y por supuesto, María debe orar sin cesar.

10

Víctimas de enredos amorosos: Un diálogo

Como el propósito que nos anima es descubrir las causas fundamentales de la erosión matrimonial y del divorcio, parece apropiado que continuemos observando de cerca a algunas familias que han sufrido esa tragedia. Si un científico en el campo de la medicina desea comprender los efectos del tifus, de un enfisema o de las úlceras, examinará cuidadosamente a los pacientes que padecen de tales enfermedades. De la misma manera debemos enfocar nuestra atención sobre los matrimonios que han sido invadidos por el «virus» del conflicto personal, la enfermedad más contagiosa de nuestro tiempo.

Con tal propósito invité a cuatro personas muy inteligentes, y que sabían hablar bien, a nuestro estudio radial, para que contaran su experiencia con la infidelidad. El programa *Focus on the Family* [Enfoque a la familia] se trasmite diariamente en más de 1400 emisoras en los Estados Unidos y alrededor del mundo. Cada uno de mis invitados fue víctima, de una manera u otra, de un enredo amoroso, habiendo sido traicionado por un cónyuge infiel. Lo que sigue en este capítulo son segmentos de las transcripciones de una conversación de dos horas, en la que participaron tres mujeres y un hombre. Sus historias son representativas de las de millones en el mundo actual, y servirán para ilustrar los principios explicados.

¿Me permite sugerirle que mientras lee estos relatos personales procure relacionar los detalles de nuestra discusión hasta este punto? Nuestro propósito no es avergonzar a los participantes anónimos, por supuesto, que con toda amabilidad me dieron permiso para presentar sus casos. Lo que deseamos más bien es aprender de ellos. Por consiguiente, espero que usted buscará equivocaciones y errores comunes de juicio, sobre todo en las primeras etapas de la infidelidad. Mientras los participantes relatan su historia, preste atención al pánico y al apaciguamiento. Pregúntese si la paciencia y la tolerancia tuvieron éxito para restaurar la relación. Por último, postule sus recomendaciones para los que están atravesando una prueba de fuego. En el siguiente capítulo expresaré un comentario sobre estas conversaciones.

DOBSON: Me gustaría comenzar saludándolos a ustedes cuatro que han venido a nuestro estudio en esta ocasión. No será fácil hablar acerca del rompimiento de sus familias, pero todos podemos aprovechar de lo que ustedes aprendieron como víctimas de la infidelidad. Sobra decir que el tema es difícil. Apenas esta mañana oí de una mujer cuyo esposo la abandonó. Ella ha llorado casi incesantemente por los últimos doce meses, y el jueves pasado su hija de trece años intentó suicidarse. A eso conduce la infidelidad. Pero, ¿quién lo sabría mejor que ustedes cuatro?

Permítanme comenzar presentándolos a nuestros oyentes. Ustedes me han pedido que no mencione sus verdaderos nombres, de manera que los llamaremos Susana, Juanita, Mariana y Miguel. Voy a pedirle a usted, Mariana, que comience contándonos su historia

MARIANA: Poco después que Jorge y yo nos casamos, fuimos a vivir en una casa en la playa y yo enseñaba en una escuela. Mi esposo no tenía trabajo en ese entonces, y tenía demasiado tiempo libre a su disposición. Obviamente tenía muchísimas amigas que yo no conocía, porque por las noches esas mujeres llamaban por teléfono a casa. Le preguntaba qué querían quienes llamaban, pero él nunca me dijo nada. Por supuesto, yo sufría mucho porque estábamos casados pero no estábamos viviendo en una relación marital. Vivíamos como si fuéramos compañeros de cuarto, debido a que, según pienso, él se sentía culpable por sus enredos amorosos.

DOBSON: ¿Por cuánto tiempo habían estado casados?

MARIANA: Habíamos estado casados por seis meses cuando todo eso comenzó. Nuestro divorcio tuvo lugar después de tres años y medio. Fue muy doloroso.

DOBSON: ¿Entiendo que usted toleró por todo ese tiempo lo que sabía que era desvergonzada infidelidad?

MARIANA: En mi corazón yo lo sabía, pero…

DOBSON: Usted quería realmente no saberlo.

MARIANA: Así es, exactamente. Decidí decirme: «No, esto no está ocurriendo.»

DOBSON: ¿Estaba su esposo sin empleo porque así lo prefería?

MARIANA: Así es. La playa era seductora; y las hermosas mujeres que estaban allí, por supuesto, lo seducían todavía más.

DOBSON: ¿Cuán obvia era su infidelidad? ¿Alguna vez llevó a casa a las mujeres?

MARIANA: No, nunca las llevó. Siempre fue muy discreto. Era simplemente que no quería ni siquiera tocarme. No quería tener nada que ver conmigo. Eso dolía mucho. Cuando el hombre no muestra ningún interés en la esposa, una se siente como si no valiera nada o que es demasiado fea.

DOBSON: ¿Compartían usted y su esposo los mismos valores antes de casarse? ¿Piensa usted que él era creyente?

MARIANA: Mi esposo y yo salimos juntos por ocho años antes de casarnos.

DOBSON: ¡Ocho años!

MARIANA: Así es. Mis padres estaban divorciados, y yo quería asegurarme de que no me iba a meter en un mal matrimonio.

DOBSON: ¿Y sin embargo recibió la sorpresa?

MARIANA: Estuve…

DOBSON: ¿Ciega?

MARIANA: Muy ciega, por supuesto. ¿Sabe usted? En realidad

creí que él amaba al Señor Jesucristo. Ahora sé que estaba llevando una vida doble durante todos los años que salimos juntos. Pero yo no lo sabía. Él fue la primera persona que realmente me quiso —eso fue lo que yo creía. Nunca recibí cariño en casa. Ya tenía veinticuatro años, tenía mi educación y mi profesión, de modo que realmente pensaba que sabía lo que estaba haciendo. En realidad, pensé que lo conocía. Pero al mes de casados todo se hizo pedazos. Lo difícil, por supuesto, es tratar de volver atrás y revivir aquella decisión. Nos habíamos conocido en una universidad evangélica, y yo creí en él. Él creía en sí mismo. En realidad, no hubo nada que sugiriera peligro, ni tampoco nadie se percató del mismo. Entonces, cuando comenzaron sus enredos amorosos, yo volvía a mis ensueños por las noches, sin poder casi dormir, y reexaminaba mi decisión de casarme con él. Me había entregado a Dios; no estaba apartada de la comunión con Él. A pesar de mi cuidado, cometí un terrible error.

DOBSON: Susana, entiendo que usted creyó también que se había casado con un creyente, ¿verdad?

SUSANA: Hubiera apostado mi vida a que lo era; y, a decir verdad, la aposté. Habíamos estado casados probablemente como quince años antes de enterarme de que estaba enredado con otras mujeres. Para ese entonces él era administrador de la universidad cristiana donde yo enseñaba. También era el presidente del comité de acción moral de nuestra iglesia, lo cual es una gran ironía. Cuando me enteré de que estaba enredado en amoríos con otra, no pude decir nada a nadie porque nuestro pastor, el presidente de la universidad, sus colegas… eran mis amigos también. Sencillamente no podía arruinar su reputación. Fue un tiempo horrible.

DOBSON: ¿Por cuánto tiempo había estado sucediendo eso antes que usted se enterara del asunto?

MARIANA: No estoy segura. Transcurrió mucho tiempo. Después de todo, los enredos fueron continuos hasta que finalmente se disolvió el matrimonio. Todo eso ocurrió en un período de seis años.

DOBSON: Cómo Mariana, ¿toleró usted a sabiendas y por seis años la infidelidad de su esposo?

SUSANA: Así es. Siendo creyente, simplemente estaba muy comprometida con mi matrimonio; había decidido que si había alguna manera de mantener el matrimonio, con la ayuda de Dios, lo haría.

DOBSON: ¿Pero usted perdió de todas maneras?

SUSANA: Sí.

DOBSON: Considerando otra vez la experiencia, ¿habría habido alguna manera de salvar su hogar?

SUSANA: No lo creo. Y por supuesto, por haber sido paciente pude darles a mis hijos un padre por seis años más. Ellos lo quieren más que a nada en el mundo, y todavía hablan bien de él. No cambiaría eso por nada.

DOBSON: Miguel, cuéntenos su historia.

MIGUEL: Pues bien, tuve un matrimonio feliz hasta que mi esposa tuvo un serio accidente que la dejó totalmente incapaz de hacer nada desde el mes de enero hasta el fin de aquel año escolar. Ella era maestra, y durante todo ese tiempo en que no podía hacer casi nada, yo asumí la mayor parte de las responsabilidades de la casa. El siguiente año los médicos dijeron que por el bien de su imagen propia, ella debía volver al aula, lo cual era realmente lo que ella quería hacer. Pero no estaba lista ni emocional ni físicamente. Necesitaba alguien en quien apoyarse. Sucedió que ese alguien enseñaba en el grado contiguo. Su amistad se desenvolvió a partir de eso.

DOBSON: ¿Pudo usted notar lo que se avecinaba?

MIGUEL: Al principio no, pero durante los dos años siguientes noté que ella se estaba alejando de mí. Cuando tratábamos de hablar sobre el asunto, simplemente dábamos rodeos y nunca parecía que llegábamos a ninguna conclusión. No podía imaginarme con lo que estaba tratando. Había confiado en ella sin reservas por diecisiete años. Habíamos tenido un matrimonio feliz, y la sola idea de pensar que ella podía serme infiel era algo inconcebible.

SUSANA: Es casi imposible creer que uno ha sido traicionado cuando se le ha entregado la vida a otra persona.

DOBSON: Especialmente en el contexto cristiano.

MARIANA: Exacto.

DOBSON: Todos ustedes tenían familias que asistían a la iglesia…

SUSANA: Así es. En realidad, la peor parte de la experiencia para mí fue la pérdida de mi líder espiritual. Pude enfrentarme con el rechazo y la traición mejor de lo que pude arreglármelas con las implicaciones del pecado de Santiago.

DOBSON: Juanita, escuchemos ahora su historia

JUANITA: Me identifico con lo que Susana acaba de decir. La pérdida de la persona a quien se dirige la mirada en las cosas espirituales fue la parte más dura para mí. Mi esposo era pastor, de modo que no sólo perdí a mi cónyuge y al padre de mis hijos, sino que también perdí a mi líder espiritual.

DOBSON: Eso es interesante. Usted y Susana han tenido experiencias similares.

JUANITA: En mi caso fue toda mi forma de vida. El divorcio es diferente de simplemente perder una persona; una pierde toda su forma de vida.

DOBSON: ¿Cómo le ocurrió a usted?

JUANITA: Pues, me siento como si fuera la persona de más antigüedad aquí. Nosotros perdimos nuestro matrimonio después de treinta y dos años de casados, lo cual es realmente una tragedia. En realidad, es por eso que estoy aquí ahora. Si alguien ha sufrido una tragedia, debe poder usarla para ayudar a alguna otra persona, y espero que mi historia sirva para eso. La razón por la cual me sentía tan atraída a Mauricio (y en realidad, todavía me siento) fue que era el muchacho más moral y sincero que había conocido. Nos casamos cuando ambos teníamos diecinueve años, y tuvimos hijos de inmediato. Él tuvo su primera aventura extramatrimonial cuando teníamos ya dos hijos. Me molestó mucho, naturalmente. Lo confronté con su acción, y decidimos tratar el asunto como personas modernas. De modo que los cuatro, dos esposos y dos esposas, nos reunimos para hablar sobre el asunto. Mauricio estaba terriblemente apenado por todo el asunto. En realidad, lo estaba. No es algo que haría un hombre con su educación familiar. Todo fue perdonado y el asunto quedó concluido. Tuvo otro pequeño encuentro, apenas un romance en una reunión, en una fiesta, pero eso también quedó olvidado. Después de eso Mauricio comenzó su carrera y vivimos como una familia normal y feliz. Como diez o quince años más tarde, según pienso, descubrí que andaba en amoríos con otra. En ese tiempo yo estaba enferma, y Mauricio s una persona muy sensible. Dijo que se sentía solo y que ne - cesitaba otra mujer que hiciera por él lo que yo no podía hacer en ese tiempo.

DOBSON: ¿Se lo creyó usted?

JUANITA: Cuando me lo dijo, sí. Sí y no. Quería creerle porque en realidad era un hombre muy bueno. Pero sus actividades extramaritales continuaron. Tuvo un amorío bastante largo, como por dos años, con una mujer a quien veía regularmente. No fue una cuestión sexual, pero fue igualmente dolorosa para mí.

DOBSON: ¿Un enredo emocional?

JUANITA: Exactamente. Sentí una mayor deslealtad de parte de él por eso, imaginándomelo dándose a sí mismo, que lo que hubiera sentido si él se hubiera acostado con ella. Él tuvo otros amoríos conforme pasaban los años; algunas ocasiones con mujeres de mal vivir. No estoy segura de que eso se podría llamar un enredo amoroso.

DOBSON: ¿Usted se enteró de cada ocasión que él se enredaba con alguien?

JUANITA: Así es. Algunas veces pasaba mucho tiempo antes que yo me enterara. Pero siempre lo descubrí.

DOBSON: Mariana, ¿me había dicho usted antes que Dios le reveló la infidelidad de su esposo?

MARIANA: Efectivamente. Había asistido a un seminario bíblico, y camino a casa me invadió un terrible temor. Simplemente supe que estaba yendo a casa y que encontraría a mi esposo en la cama con otra mujer. Entonces me dije: «Mariana, ¿qué te ocurre? ¡Eso es ridículo!»

DOBSON: ¿Nunca antes lo había pescado?

MARIANA: Nunca. Por eso fue que me condené a mí misma. Sin embargo, cuando llegué a casa confronté a mi esposo. Él se puso furioso, y me hizo sentir como si hubiera perdido la cabeza. Pero él estaba andando con otra en ese tiempo, y fue la manera en que Dios me preparó para lo que iba a venir. El Señor es tan gentil en las maneras en que trata con sus hijos.

DOBSON: Al mirar al pasado, a su primera revelación, el momento en que cada uno de ustedes se dio cuenta por primera vez de que tenía un problema muy serio entre manos, ¿cuán sabiamente creen que manejaron la situación? ¿Hay alguna cosa que pudieran haber hecho que habría sido útil? ¿Hay algo que harían diferente si pudieran volver a vivir esos años?

MARIANA: Lo que hice mal fue que no oré acerca de lo que quería tan desesperadamente. Reaccioné con cólera. En lugar de decir: «Señor, muéstrame la clase de esposa que Jorge necesita», siempre fui tan dogmática espiritualmente que mi esposo tenía que ser como era. Como usted sabe, se necesita esfuerzo de parte de los dos para que el matrimonio tenga éxito, y algunas de mis acciones no contribuyeron a eso. Mi esposo probablemente salió huyendo precisamente de lo que yo quería que hiciera, debido a que yo era tan fuerte.

DOBSON: ¿Cómo es eso?

MARIANA: Yo era una creyente muy recta ante mí misma en aquel tiempo, que amaba al Señor Jesucristo con todo el corazón, con toda el alma y con todas mis fuerzas y mente.

DOBSON: ¿Cómo puede echarse la culpa por eso, Mariana?

MARIANA: Pues no hay nada de malo en eso; pero lo usé en forma equivocada. Le decía a mi esposo: «Léeme la Biblia, por favor.» Algunas veces estaba embebida en la Palabra de Dios, y realmente deseaba buscar la verdad, y él trataba de distraerme. Recuerdo haber hecho un comentario que nunca podré olvidar. Es lo peor que una mujer puede hacer. Le dije: «Tú eres un instrumento de Satanás.» Fue horrible. Así que hubo muchas cosas que hice en forma equivocada, y que el Señor me las ha revelado a través de los años. Agradezco al Señor que me las revelaba gradualmente.

SUSANA: El principal error que cometí fue enfriarme muchísimo sexualmente. Mi esposo era tan cruel y áspero, y yo había llegado al punto en que ni siquiera podía reaccionar. Pero cuando me enteré de su infidelidad pude volver a ser ardorosa y amante otra vez. Inmediatamente le pedí perdón. Esa fue mi primera reacción cuando supe la noticia. Pienso que por eso me atacaron los deseos de suicidarme. Me sentía tan culpable; sabía que yo era la causante de sus aventuras extramaritales. Pero entonces, cuando hice todo lo que podía para cubrir aquellas faltas, y la infidelidad continuó, ya no me sentí tan culpable. Pero ese primer año después de enterarme de su infidelidad fue horrible. Lloré todos los días por doce meses. Estoy segura de que fui una maravillosa bendición para mi esposo durante ese tiempo. Para entonces ya teníamos cinco hijos pequeños, y era muy difícil manejar la casa y ser la persona profesional que él quería que yo fuera. Hubiera querido poder dejar de llorar, pero no sabía qué otra cosa hacer. En nuestro círculo no había nadie a quien podía acudir buscando ayuda. Los consejeros de la iglesia eran amigos de él. No había nadie. No podía hablar con sus padres, ni con los míos. Fue terrible.

DOBSON: Susana, esto dice mucho en cuanto a su carácter… en cuanto a lo que usted es. Su principal preocupación era la reputación de él, incluso cuando su propio dolor la llevó al borde del suicidio. ¡Usted tenía pleno derecho de buscar consejería de parte de alguien!

SUSANA: Sí, pero tenía miedo de que quienquiera que fuera la persona con la que hablara, lo dijera en la universidad, y entonces su reputación quedaría arruinada.

DOBSON: Precisamente eso muestra el alcance de su valor. Pero yo no le hubiera recomendado eso.

SUSANA: Llamé a la madre de él algunas veces aquella

primavera, pero mi esposo me dijo: «Nunca más vuelvas a hablar con mamá sobre esto.» De modo que obedecí sus órdenes. Le dije que no lo haría.

DOBSON: Juanita, ¿cuáles errores cometió durante el tiempo de crisis?

JUANITA: Me dejé llevar por la ira, mi ego estaba desinflado, y me comporté terriblemente. Hubo muchas confrontaciones exigiendo que el enredo se terminara. Pero todo estuvo mal hecho. Después que Mauricio y yo nos convertimos al evangelio (nos bautizamos tomados de la mano), nuestro matrimonio se estabilizó y hubo un largo período, quizás por quince años, o algo así, antes que ocurriera otra de sus aventuras de infidelidad. Siempre pensé que nunca volvería a ocurrir, porque estaba tan avergonzado. Normalmente, él se metía en problemas solamente cuando su carrera se hallaba realmente en un punto muy bajo. Pensé que entendía por qué lo hacía. No me gustaba, pero lo comprendía; concluía que él era un hombre no muy expresivo, y que no podía hablar del dolor que sentía por su carrera y por el punto en que él encajaba en el mundo.

SUSANA: Mi ex esposo tenía ese problema también.

JUANITA: De modo que pensé que él iba en busca de otra mujer procurando encontrar algo de estímulo.

SUSANA: Esa fue también exactamente mi experiencia. Mi esposo podía ser franco conmigo cuando se sentía entusiasmado emocionalmente, pero en los momentos en que se sentía hundido, necesitaba ir en busca de alguna otra persona con la cual entusiasmarse, porque era tan retraído y le era muy difícil expresarse abiertamente.

DOBSON: Miguel, al mirar sus tribulaciones, ¿cuáles fueron los errores que usted cometió?

MIGUEL: Pues bien, cuando descubrí el enredo amoroso no me tomó por sorpresa. Confronté a mi esposa y ella lo negó. Luego me puse en contacto con la esposa del hombre con el cual se había enredado, y ella confirmó el asunto.

DOBSON: ¿Cómo reaccionó usted?

MIGUEL: Esperé seis días para confrontar a mi esposa con la información. Le dije que yo sabía que lo que había dicho la semana anterior no era verdad.

DOBSON: ¿Por qué esperó usted tanto tiempo para confrontarla con la verdad?

MIGUEL: Un amigo me aconsejó que no reaccionara la noche en que recibí la noticia. Me dijo que lo pensara y que buscara la dirección de Dios sobre cómo debía tratar el problema. Es probablemente el mejor consejo que jamás recibí. Me convencí de que era lo mejor que podía hacer, porque así me alisté para aceptar y encarar cualquier cosa que tuviera que enfrentar, dándome cuenta de mi amor por ella. Pero mi error fue no reconocer con anterioridad lo que estaba ocurriendo. Cuando le decía: «Te quiero», y no recibía una respuesta cariñosa, esa debía haber sido la señal. Debiera haberle preguntado si ella también me quería.

DOBSON: Si ella no quería admitir su enredo con el otro aun estando metida de cabeza en el embrollo, ¿se lo habría confesado sin importar lo que usted dijera o hiciera?

MIGUEL: En cierto punto creo que lo hubiera hecho. Recuerdo que le dije que la quería y ella se quedó mirándome y me dijo: «Miguel, tienes una esposa muy confundida.» No le presté atención al asunto. Pensé que ella no quería hablar sobre ello, pero yo debía haber insistido y conversado más con ella sobre la cuestión.

JUANITA: Es difícil saber cómo se puede ayudar a la otra persona.

MIGUEL: Exactamente. Uno cuestiona todo.

Nótese el siguiente comentario. Es muy significativo para nuestra discusión.

SUSANA: Otro error que cometí fue no saber cómo confrontar a mi esposo con la verdad. Ahora pienso que entiendo lo que pudiera haber sido una mejor manera de enfocar el asunto. Mi hermana tuvo una experiencia similar. Ni ella ni su esposo eran creyentes en Cristo. Ella ha sido siempre muy suave y pasiva, pero de la noche a la mañana se convirtió en una persona muy fuerte. Ella le pidió a su esposo que se marchara y se consiguiera un apartamento, lo cual él hizo. Antes que pasara un año él había decidido que su familia era lo más importante, y regresó a casa. Observé el caso, y deseé haber encontrado alguna base bíblica para hacer algo parecido.

DOBSON: Susana, he visto suceder eso más veces de las que puedo contar, cuando la firmeza y la confrontación amorosa producen responsabilidad en el matrimonio; en la misma manera en que la producen en la relación del padre con el hijo, o en cualquier otra relación en la vida. Llega un momento en el matrimonio en el cual un cónyuge tiene que decirle al otro: «Ricardo, te quiero mucho. Nos casamos por decisión libre y propia; nadie nos forzó a convertirnos en marido y mujer. Nos dedicamos exclusivamente el uno al otro, y debemos continuar en esa manera. Si tú no puedes serme fiel por toda tu vida, entonces prefiero que nos separemos ahora mismo. No puedo ser una de muchas amantes. Es todo o nada. Si eliges dejarme, me dolerá muchísimo, porque te amo con todo mi corazón. Déjame decirte una vez más para que entiendas exactamente cómo me siento. Quiero más que nada en el mundo que sigas siendo mi esposo, y si puedes comprometerte conmigo por el resto de nuestra vida juntos, haré todo lo que me sea posible por perdonarte y olvidar el asunto. Pero si no, entonces no hay mejor oportunidad que ahora mismo para que te marches con alguna de tus amiguitas.» ¿Entiende usted la sabiduría de una posición firme como esa? ¿Tiene sentido para usted?

JUANITA: Sí, ahora lo entiendo. En cierto punto en los años más avanzados de nuestro matrimonio, Mauricio se enredó con otra mujer de la cual no me dijo nada. Ella llamó a casa, y así me enteré que se estaban viendo. En ese entonces yo era una persona más fuerte que cuando joven, y le dije a Mauricio: «Está bien. Te daré el divorcio y de esa manera puedes continuar con tu relación.» Él dijo: «No, no quiero que te divorcies de mí; todo lo que quiero es un poco de libertad para ver hasta dónde va a ir esta relación.» Le contesté: «No. Eso no funcionará . Si te vas con esta mujer, me divorcio.» Él dijo: «No quiero eso.» Y con eso terminó la otra relación.

DOBSON: Ese es precisamente mi punto. Si cuando usted era joven hubiera aplicado esa dureza, después del primer acto de infidelidad, en lugar de años más tarde cuando el daño ya se había producido, tal vez usted hubiera salvado su matrimonio.

MIGUEL: Más tarde me di cuenta de que debía haber sido más dura. Pero batallé con la culpa por mucho tiempo. Mi suegro es un ministro y lo quiero mucho, pero él contribuyó para que yo me acusara a mí mismo. Él quería mucho que nuestro matrimonio continuara, debido a su propio sufrimiento. Me mandó una lista de porciones bíblicas que dicen que el divorcio es malo. Estuve de acuerdo, pero no tuve otra opción. Con el tiempo él se daría cuenta de que no fue mi culpa.

SUSANA: Me sentí muy culpable también. Sentí que tal vez todo fue culpa mía, y que, si yo hubiera sido una mejor esposa, mi marido no habría buscado satisfacción en otra parte. Si hubiera sido más comprensiva, si hubiera sido más perspicaz; todo eso. De modo que le perdoné vez tras vez. Tengo que decir que todavía me siento casada; siento como que soy una persona sola casada. No sé si el tiempo borrará ese sentimiento o no.

DOBSON: ¿Tuvieron todos ustedes que batallar con el resentimiento?

MARIANA: Pues claro que sí.

SUSANA: El resentimiento me invadió inicialmente, pero perdoné en seguida. Luego Santiago se enredó nuevamente. De modo que pensé: «Está bien, si soy como Cristo, y totalmente sacrificial en mi amor, tal vez eso logre atraerlo a mí.» Pero no ocurrió así. ¡Quiero decir que fui totalmente sacrificial por seis años!

DOBSON: Quiero hacerles una pregunta importante. He observado que al tratar con las personas que han atravesado lo mismo que ustedes, el cónyuge infiel típicamente trata de disculparse echando la culpa a otros. Le dice a su esposa que nunca debieran haberse casado… que nunca la quiso, ni siquiera al principio… que el divorcio es realmente un acto de amabilidad… que el enredo nunca hubiera ocurrido si su cónyuge no le hubiera causado tantos problemas… que su rompimiento es en realidad lo mejor para los hijos… y que Dios ha dado su aprobación para que se divorcie de ella. ¿Alguno de sus cónyuges les dijeron algo parecido a estos falsos mensajes?

SUSANA: Todos ellos, especialmente el de contar con la aprobación de Dios. La actual esposa del que fue mi esposo, aquella con la que tuvo un amorío, es también profesora de una universidad cristiana. Sentí que el Señor quería que la buscara y le pidiera perdón por mi mala actitud. Ella había sido amiga mía por veinte años, y fue muy difícil ir a buscarla; pero lo hice y le dije que la había perdonado por lo que había hecho. Ella me dijo que ella y el que fue mi esposo habían orado por su matrimonio y que habían recibido la confirmación de parte de Dios de que todo era correcto.

DOBSON: Eso es lo último en racionalización. Hace que lo desvergonzado suene a santo, pero sólo por un tiempo. El día de rendir cuentas se avecina.

SUSANA: Así es. Le sugerí que leyera con un poco más de detenimiento lo que las Escrituras dicen en cuanto al lecho sin mancilla, y otros pasajes. Ella dijo: «No creo en leer la Biblia con tanto detalle, porque está sujeta a tantas *interpretaciones.*»

JUANITA: El golpe que más duele es cuando el esposo infiel le dice a una: «Pero realmente te amo. Este amorío es algo que ha ocurrido fuera de nuestra relación. No tiene nada que ver con nosotros. Tú y yo todavía nos amamos y no debiéramos dejar que este problema nos afecte.» Te sientes en ocasiones como si fueras a volverte loco, debido a que estos mensajes contradictorios se repiten uno tras otro.

SUSANA: Eso fue lo que me causó un terrible quebrantamiento nervioso.

DOBSON: Usted nos dijo que hasta pensó en suicidarse, Susana. ¿Lo pensó usted, Mariana?

MARIANA: Efectivamente.

DOBSON: ¿Algún otro pensó en el suicidio?

MIGUEL: Por supuesto.

SUSANA: He sido creyente desde que estaba en el jardín de niños, y sin embargo me dieron ganas de suicidarme cuando todo eso ocurrió. Mi esposo decía: «Tú piensas que Dios es grande; ¿por qué no te ayuda, entonces?» Tuve suficiente sentido común para decirle que sabía que Él lo haría si lograra permitírselo, pera yo sufría tan intensamente que no podía dejar de gritar. Posteriormente leí un libro de C. S. Lewis, titulado *A Grief Observed* [Pesar observado], en el cual él relata su propia experiencia de no poder aceptar la gracia de Dios ante la muerte de su esposa. Ese relato realmente me sirvió de mucho. Varios libros me han ayudado bastante.

JUANITA: ¿Puedo contarle algo maravilloso que me sucedió a mí? Durante el período en que me acosaban las tendencias suicidas, mi hija mayor murió de una enfermedad incurable. Ella dejó una gran cantidad de las medicinas que le habían prescrito, y yo miraba esas píldoras y sabía que había más que suficiente para quitarme la vida. Me hallaba al final de la cuerda, y estaba contando las píldoras cuando sonó el teléfono. Era un amigo que quería venir a verme. Yo no tenía ganas de ver a nadie, y le dije que no le abriría la puerta. Él me preguntó si podía hacer algo por mí, y le respondí: «Nada. No hay ninguna razón para seguir adelante.» Él continuó hablándome por unos momentos más, y luego oró conmigo, pero, ¿saben? yo estaba tan perturbada que ni siquiera podía oír lo que decía. Ni siquiera pude oír la porción que leyó de la Biblia. Después que colgué el teléfono, él comenzó a llamar a diferentes personas, algunas que me conocían, y otras que no. Esas personas me llamaron toda la noche. Oraron por mí o simplemente me hablaban cada hora. Así es como pasé la noche…

MIGUEL: ¡Eso es maravilloso!

JUANITA: Esa noche fue, al mismo tiempo, la peor y la mejor noche de mi vida.

DOBSON: Al escucharles a ustedes cuatro contar sobre su dolor individual, me impresiona de nuevo la disposición de personas cariñosas para echar sobre sí mismas la culpa de cosas sobre las cuales no tienen ningún control. Cada uno de ustedes hizo lo mejor que pudo para sobrellevar la irresponsabilidad e infidelidad de sus cónyuges. Aun cuando ustedes también cometieron errores y eran cónyuges imperfectos, ustedes fueron los que se esforzaron por preservar el matrimonio. Sin embargo, ustedes se culpaban a sí mismos, sintieron una culpabilidad increíble, su estimación propia cayó hasta el suelo, y hasta querían morirse por sus fracasos. ¿No les parece algo injusto?

SUSANA: Así es, pero así es como me sentía. Tuve que batallar para sobreponerme a todo eso.

JUANITA: En efecto.

MIGUEL: También me sentí en igual forma, definitivamente. Otra cosa que te hace sentir tan terriblemente es que estás solo, en tanto que el cónyuge infiel está en los brazos de otro amante. Vas a la iglesia, a la cual has asistido por años con ella, y te sientas en el banco donde los dos solían sentarse juntos. El edificio parece que va a caerse encima de uno, aun cuando estás rodeado de mucha gente. Sientes que te invade una oleada de pánico.

DOBSON: Miguel, ¿tuvo usted que batallar con la amargura y el resentimiento?

MIGUEL: ¡Por supuesto! No me di cuenta del resentimiento que me embargaba. Era por eso que no podía hablar con mis hijos acerca de lo que estaba pasando. Ellos nunca nos habían visto, a su mamá y a mí, pelear, y no supieron nada sino la noche anterior a que ella se marchara. Ahora sé por qué no podía sentarme a explicárselo a ellos. Les hubiera trasmitido mi propia amargura. Después, cuando habían pasado como cuatro meses desde que mi esposa se marchó, supe que era tiempo de contarles a los hijos toda la historia. Temía que alguien en la iglesia les fuera a decir algo. Era necesario que lo supieran de mi propia boca.

DOBSON: ¿Cómo lo tomaron?

MIGUEL: Pues, fue mucho más difícil para el más pequeño. Él siempre había sido muy apegado a su madre. En realidad, él había sido su favorito.

DOBSON: ¿Le hizo ponerse amargado?

MIGUEL: Muy amargado. Era algo extremadamente difícil de enfrentar. Él no sabía cómo tratar con el asunto. Atravesó un año muy malo y difícil en la escuela. Pero luego se me acercó y me dijo: «Lamento mucho que se hayan divorciado, pero por lo menos eso me ha ayudado para conocerte mejor.» Estoy contento por eso.

DOBSON: ¿Lloraba él hasta dormirse en los primeros días?

MIGUEL: Así es.

DOBSON: ¿Se comía las uñas? ¿Se despertaba en la mitad de la noche? ¿Se alteró su digestión? ¿Le atacaban dolores de cabeza? ¿Qué otros síntomas aparecieron en él?

MIGUEL: Tenía dolores de cabeza; había días en que no quería ir a la escuela; hubo problemas en cuanto a su asistencia. Hubo otros problemas y presiones con los cuales todos nosotros tuvimos que batallar. Una noche hablamos y les dije: «Miren muchachos, pienso que hoy mismo necesitamos reconocer que todos estamos atravesando un tiempo terrible, y que nos sentimos destrozados. Seamos francos, y digamos: «Hoy tengo el ánimo por los suelos. No me molesten; sencillamente déjenme solo. En realidad necesito su apoyo hoy.» Los tres aprendimos a hacer esto. Es sorprendente cómo, cuando comenzamos todos a halar en la misma dirección, Dios nos ayudó a amarnos mutuamente y a sobrevivir la crisis.

SUSANA: Ya han pasado ocho años, y mi hijo fue un problema muy especial. Él se fue de casa y se enredó con un grupo de homosexuales. Fue algo terrible por un tiempo. Pero ahora está casado y tiene dos hijos. Todos nuestros hijos atravesaron un período de depresión. Una de nuestras hijas comenzó a sufrir de ataques epilépticos, hasta que descubrimos que eran causados por la depresión, y así pudo controlarlos. Todos ellos sufren hasta ahora como consecuencia de algunas de estas cosas.

DOBSON: Mariana, usted no tenía hijos cuando todo esto ocurrió. ¿No es así?

MARIANA: Así es. Me casé cuanto tenía veinticuatro años, pero decidí no tener hijos. Nunca quise tenerlos. Me encantan los niños, pero algunas cosas del trasfondo de mi propia familia me producían escalofríos. Ahora tengo dos hijas de mi segundo esposo, y las quiero con toda el alma.

DOBSON: Juanita, ¿cómo lograron sobreponerse sus cinco hijos?

JUANITA: Mi hija mayor murió poco antes de separarnos.

DOBSON: De modo que usted tuvo que enfrentar el divorcio y una muerte casi al mismo tiempo. ¿Cómo pudo salir adelante?

JUANITA: Creo que pude enfrentar la muerte bastante bien. Eso puede sonar extraño, pero es una memoria muy hermosa. Mi hija tenía cáncer en el cerebro, pero se alivió un poco durante los meses del verano, como si Dios nos hubiera enviado un regalo inesperado. Mi esposo y yo estábamos muy cerca el uno del otro en esos días. Nos dimos buen respaldo y apoyo mutuo en contra de la muerte; pero fuimos incapaces de enfrentar la vida…

DOBSON: ¿Qué sucedió después de la muerte de su hija?

JUANITA: Él presentó la demanda de divorcio. Una vez que ella se había ido, había muy poco que nos mantuviera juntos.

DOBSON: ¿Cuál fue el efecto del divorcio sobre sus otros hijos?

JUANITA: Ha tenido efectos duraderos. Tengo un hijo, un hermoso joven que estaba comprometido para casarse con una maravillosa muchacha el año pasado. Pero tres días antes de la boda cancelaron sus planes. Ambos estaban aterrorizados.

Ambos proceden de familias divorciadas. Se aman el uno al otro, y todavía están muy cerca el uno del otro; en realidad, todavía están comprometidos. Pero tienen miedo del paso. Y por supuesto, mi otro hijo adolescente sencillamente no pudo aceptar el divorcio de ninguna manera. Todavía tiene que acudir a recibir consejo y…

DOBSON: ¿Está él resentido contra su padre?

JUANITA: No, no siente amargura contra él. Todos mis hijos han protegido mucho a su padre. Su padre era un hombre muy frágil, y ellos no sabían la parte más horrible de nuestro matrimonio. Ellos sólo sabían que no nos llevábamos bien, y que hacia el final llevábamos vidas más bien separadas. Creo que cometí una gran equivocación, debo confesar, en un momento de amargura y de pobre juicio. Le conté toda la historia del enredo a mi hija mayor, que ahora tiene veintiocho años. Eso la hizo enfurecerse contra mí.

DOBSON: ¿Contra usted?

JUANITA: Contra mí. Ella no quería saberlo. No quería que se agitara el asunto, y nos ha llevado bastante tiempo para resolver el distanciamiento.

SUSANA: Mi hijo me culpó a mí al principio, pero ahora él ve que no fue mi culpa. Las hijas lo recibieron como un golpe muy fuerte, pero me respaldaron.

MARIANA: Me crié en un hogar roto por la infidelidad. Mi madre trataba de ganarse mi respaldo diciendo cosas muy feas de mi padre, y contándome algunas verdades que eran demasiado dolorosas para mí. Inmediatamente me puse de parte de mi padre.

JUANITA: Es horrible poner a niños pequeños en semejante dilema.

SUSANA: Por eso siempre busqué como honrar al padre, y traté de encontrar maneras para hacerlo. Admito que en ocasiones era muy difícil.

MIGUEL: Mi hijo más pequeño finalmente me dijo: ¿Sabes, papá? Si mamá va a volver a tener una relación correcta con

Dios, tal vez ocurra sólo por medio de mi hermano o por medio de mí.

SUSANA: Mis hijas también me han dicho lo mismo.

DOBSON: Cada uno de ustedes ha hecho referencia a sentimientos de amargura y rencor, culpabilidad, pobre concepto de sí mismo y otras emociones negativas. Es sorprendente, sin embargo, que muy poco se ha hablado de la ira. Mariana, ¿albergó usted una gran cantidad de hostilidad por la infidelidad de su esposo?

MARIANA: Como creyente, siempre pensé que la ira no estaba bien, de modo que traté de suprimirla tanto como me fue posible, hasta que mi esposo me pidió que me fuera de casa. Entonces dije: «Dios, ¿será esta realmente tu voluntad, que él tenga que pedirme que me vaya de casa?» Quiero decir, soy una persona ávida de castigo, obviamente, pero quería estar segura.

DOBSON: A ver si lo entiendo bien. Su esposo estaba enredado en muchos amoríos con sus amigas de la playa. No estaba trabajando, y ni siquiera buscando trabajo. Usted estaba pagando las cuentas y sacándolo de la cárcel, y recibiendo llamadas de las amigas de él. Y ¡todavía fue él el que le pidió a usted que se fuera de la casa!

MARIANA: Cuando me dijo por primera vez que me marchara, recuerdo que todo lo que hice fue salir corriendo de casa, llorando. No tenía a dónde ir. No me importaba si vivía o moría. Estaba muy enfadada contra Dios. Nunca olvidaré que levanté mi puño crispado hacia el cielo, diciendo: «Dios, tú has dicho en tu Palabra que harás que todo obre para bien, a los que te aman y han sido llamados según tu propósito; y yo te amo. ¡Pero esto no es para mi bien, y no puedo soportarlo!»

DOBSON: ¿De modo que su furia no estaba dirigida contra su esposo, sino contra Dios?

MARIANA: Correcto. Ahora me doy cuenta de que la mayoría de nosotros tenemos que tratar con la ira de una manera u otra. Lo hice en mi cuarto secreto, por así decirlo.

DOBSON: ¿No se lo dijo a nadie?

MARIANA: A nadie; ni siquiera a mis padres.

DOBSON: ¿Cómo piensa usted que Dios recibió su furia en ese entonces?

MARIANA: Con mucho amor. Él puso sus brazos alrededor de mí, y me dejó llorar y que diera rienda suelta a mi cólera como si fuera una niña.

DOBSON: Estoy seguro de que así lo hizo, Mariana. Él la vio como una niñita muy asustada, que había sido herida horriblemente. Usted pensó que había encontrado un hombre que la amara y que estuviera a su lado por toda la vida, pero de pronto usted se vio arrojada de su casa, al frío de la noche, sin tener a dónde ir y ni siquiera alguien con quien hablar. El Dios amante a quien servimos debe haber sentido infinita compasión y ternura por usted en esos momentos.

MARIANA: Sé que así lo hizo. El versículo que Él me dio fue el Salmo 30:5: «Por la noche durará el lloro, y a la mañana vendrá la alegría.» Nunca hubiera conocido el alcance del amor de Dios si no hubiera atravesado esta prueba.

DOBSON: Ahora que lo recuerdo, usted me dijo que Dios le había escrito una carta de amor en ese tiempo.

MARIANA: Así es. Me dirigió a un segundo pasaje de Isaías 54 que llegó a ser su carta de amor para mí. Yo estaba muy resentida contra Dios, no sólo por el dolor que había permitido que me viniera encima, sino también porque estaba avergonzada ante mis estudiantes. Ellos sabían que yo era creyente, y sin embargo tuve que admitir que me había divorciado. Quería salir huyendo; escaparme a Australia o a alguna otra parte. Entonces el Señor me aseguró que era su reputación la que estaba en juego, y que Él se haría cargo de mí. Entonces me dio este hermoso pasaje de las Escrituras.

> No temas, pues no serás confundida;
> y no te avergüences, porque no serás afrentada,
> sino que te olvidarás de la vergüenza de tu juventud,
> y de la afrenta de tu viudez no tendrás más
>   memoria.

> Porque tu marido es tu Hacedor.
> Jehová de los ejércitos es su nombre;
> y tu Redentor, el Santo de Israel;
> Dios de toda la tierra será llamado.
> Porque como a mujer abandonada y triste de
> espíritu te llamó Jehová,
> y como a la esposa de la juventud que es repudiada,
> dijo el Dios tuyo.
> Por un breve momento te abandoné,
> pero te recogeré con grandes misericordias.
> Con un poco de ira escondí mi rostro de ti por un
> momento;
> pero con misericordia eterna tendré compasión de ti,
> dijo Jehová tu Redentor.
>
> *Isaías 54:4-8*

Esa porción de la Escritura fue tan aplicable a mi necesidad que fácilmente podría comenzar con las palabras: «Querida Mariana.» Yo era esa joven esposa repudiada que se sentía abandonada por Dios. Pero Él me alcanzó y me abrazó con sus brazos de amor eterno.

DOBSON: Eso es hermoso, Mariana. ¿Cree usted todavía en que todo ayuda a bien a los que aman a Dios?

MARIANA: ¡Claro que sí!

DOBSON: ¿Incluso para las personas cuyos cónyuges se enredan en líos amorosos?

MARIANA: Usted sabe que puedo decir lo siguiente con toda sinceridad. Si tuviera que hacerlo todo de nuevo, lo haría de la misma manera, porque estoy muy contenta con lo que soy ahora. Cuando fui rechazada y abandonada, pude comenzar a amarme a mí misma por primera vez, porque supe que Dios me amaba.

SUSANA: Un pastor que me dijo: «¿Cómo puede usted resistir todo esto?» Le contesté: «Porque me gusta ser como soy. Sé quien soy a la vista de Dios.» ¡Eso fue lo que me sostuvo!

JUANITA: Nadie quiere sufrir y ver derrumbarse sus cimientos, pero Dios me fortaleció cuando atravesé todas estas cosas. Él me sostuvo, y me permitió crecer en fuerza, y, como usted sabe, yo había perdido una hija; hubo mucha tragedia en nuestra familia. Me dio una crisis nerviosa, luego tuve un divorcio, tuve una hija que intentó suicidarse, pero Dios siempre ha estado allí como mi roca.

SUSANA: Esa es exactamente la forma en que me siento. Ya han pasado ocho años, y todavía tengo que apoyarme en el Señor. Todo lo que puedo decir es: «Estoy contenta en mis circunstancias de hoy.» Tuve un amigo que me dijo: «Pero no tengo el don del celibato.» No pude evitar reírme. Eso era cómico para alguien que ha estado casada por veinte años. ¿Quién tiene el don del celibato? Pero Dios es quien me da la gracia para enfrentar la responsabilidad de ser a la vez madre y padre, y todas las otras presiones. Como usted puede notar, no fui hecha para estos papeles. No soy buena presidenta; soy muy buena para vicepresidenta, para ayudante. Pero a mi familia le está yendo bien, y yo estoy entera. No entiendo la tragedia de mi vida, pero soy más fuerte que lo que hubiera sido sin ella.

MIGUEL: Me divorcié el mismo año que me bajaron de categoría en mi trabajo. Yo había sido consejero por quince años en una escuela de enseñanza secundaria. Luego el cargo fue eliminado al final del semestre, y me enviaron de vuelta al aula. Eso fue vergonzoso. De repente toda medida de lo que llamamos «éxito» fue literalmente arrancada de debajo de mis pies, y mi confianza por primera vez tenía que estar totalmente en el Señor. Ya había confiado en Él antes, pero ahora era completamente incapaz de hacer cualquier otra cosa. Como los demás de ustedes, llegué a ser una persona más fuerte durante este tiempo de reto. Todavía me asombro por la manera en que Dios nos ama y nos busca dondequiera que estemos.

JUANITA: Mis hijos están orgullosos de mí también. Toda mi vida de casada fui un ama de casa. Nunca sentí que tenía la opción de una profesión o carrera. Era esposa y madre, y ese era el papel de mi vida. Hasta cuando ocurrió el divorcio, jamás trabajé ni un solo día fuera de casa. No tenía ninguna habilidad particular, ni tampoco ningún gran talento. ¡Ni siquiera tenía educación universitaria! Pero me mantuve firme, y Dios persistía en decirme: «¡Puedes lograrlo! ¡Puedes lograrlo!» Me parecía imposible. No sabía cómo conseguir un trabajo, o cómo sostenerme a mí misma. Ni siquiera sabía cómo cuadrar el saldo de una chequera. Pero Dios estuvo a mi lado, y estoy orgullosa de lo que he logrado realizar. Él me permitió ser una persona más grande de lo que solía ser.

DOBSON: Estoy seguro de que ustedes cuatro se dan cuenta de que mediante la radio hablan a muchas personas que están atravesando el mismo extremo sufrimiento que ustedes pasaron en el pasado. Hay oyentes que acaban de descubrir que su cónyuge está enredado en líos amorosos con otra persona. Esas personas tal vez sientan que la vida ya no vale para nada, pero ustedes están aquí diciéndoles: «Podrán salir adelante, y aun cuando parezca que a Dios no le importa, ¡Él en realidad está interesado en lo que les ocurra a ustedes!»

JUANITA: Por eso fue que acepté su invitación para estar aquí hoy. Quería ayudar a alguien que esté sufriendo de la misma manera que yo sufrí.

DOBSON: Ustedes han hecho precisamente eso durante estos programas, y mediante nuestras conversaciones he aprendido a quererlos a todos. A nombre de nuestros oyentes, les agradezco por abrir sus viejas heridas y permitirnos sentir algo de su dolor. Su fe y valor han sido de inspiración para todos nosotros.

11

Discusión del diálogo

Estoy seguro de que usted ha quedado impresionado, como yo, por la manera en que Mariana, Susana, Juanita y Miguel pudieron expresar sus experiencias, sentimientos y emociones. Los respeto profundamente a todos ellos, y sus puntos de vista y observaciones me han servido de mucho. Sin embargo, me sorprende que esas cuatro personas inteligentes todavía tengan muy poca comprensión de las fuerzas que destruyeron sus matrimonios (aun cuando he visto la misma «ceguera» en muchos otros que han enfrentado circunstancias similares).

Un ingrediente clave en la erosión de sus hogares fue cierta actitud permisiva marital, que demostró ser fatal. Al enterarse de que sus cónyuges estaban enredados en un amorío, su reacción instintiva fue comprender, explicar, perdonar o no hacer caso del adulterio que sucedía en sus propias narices. Esas buenas personas estaban motivadas por el amor en su forma más pura, y les admiro por la compasión que tuvieron bajo presión tan horrible. Sin embargo, cada uno encontró «excusas» para la infidelidad de su cónyuge, lo cual permitió que la conducta desleal continuara sin nada que la detuviera.

Mariana sintió que era justa al decir: «Yo era tan dogmática espiritualmente, que mi esposo tuvo que hacer lo que hizo.» Susana echó la culpa de la infidelidad de Santiago sobre su propia frialdad sexual. (Yo preguntaría, ¿quién no se va a enfriar ante tratamiento tan «cruel y áspero»?) Juanita atribuyó uno de los amoríos de Mauricio a su propia enfermedad. Miguel pensó que el accidente automovilístico de su esposa fue el factor clave. Luego estuvieron de acuerdo en que los reveses en los negocios, el pobre concepto de sí mismo y los problemas de comunicación también tuvieron su parte. Tal vez tengan razón; tal vez hubo circunstancias atenuantes en cada caso. Pero ninguno de los cuatro calificó la conducta por lo que realmente era: egoísmo y pecado.

Allí hay un problema fundamental. Esas personas llenas de amor y virtudes, inadvertidamente protegieron a sus descarriados cónyuges de las consecuencias de su infidelidad. Si hay alguna cosa que un adúltero no necesita, es un cónyuge que comprende su acto inmoral y se echa encima toda la culpa del enredo. Tal persona necesita que se le llame a rendir cuentas, no que se le excuse mediante la racionalización. Por eso el hecho de estar casado con un esposo o esposa tolerante y compasivo, que instantáneamente perdona y olvida, puede dar al infiel un boleto directo al infierno. Y esto lo digo literalmente.

Quiero tener cuidado de no implicar condenación o crítica de los cuatro miembros de nuestro grupo de discusión. Son personas admirables que están hechos de mejor madera que yo. Me quedo pasmado cuando observo la tenacidad con que ellos enfrentaron sus problemas. Sufría por cada uno de ellos mientras andaban a tientas tratando de explicar lo que estuvo mal, y cómo la culpa de alguien siempre parecía rebotar y caerles de nuevo en el rostro. Pero no puedo estar de acuerdo con muchas de sus conclusiones; creo que la tolerancia de ellos al principio jugó un papel crucial en los divorcios que ocurrieron posteriormente.

Esas cuatro víctimas (no les gusta esta descripción, pero no sé de qué otra forma llamarles), fallaron no sólo al no confrontar a sus cónyuges con firmeza amorosa, sino también al intentar protegerlos del dolor emocional. Eso es desafortunado. Así como un preescolar rebelde puede aprovechar mucho de un castigo aplicado a tiempo, el culpable debe sentir el peso de las consecuencias psicológicas de sus acciones. No hay nada como una dosis de realidad para que el soñador se despierte de sus fantasías. Sin embargo, los cuatro infieles recibieron protección de aquellas importantes consecuencias.

Recuerde que cada una de las víctimas ocultó diligentemente la verdad, para preservar la reputación de su cónyuge. Aun cuando cada caso siempre debe ser considerado en forma individual, sobre todo cuando hay niños de por medio, el grado de secreto que se mantuvo en estos me parece que no tiene justificación. Fue casi masoquista de parte de Susana y Mariana no hablar con nadie, con ninguna persona, acerca de la agonía que sufrían en silencio. Miguel y Juanita también guardaron el secreto. Los cuatro fueron empujados al borde del suicidio.

Debido a su esfuerzo por ocultar el asunto, también evitaron otras consecuencias naturales de la infidelidad. El adúltero no fue puesto bajo ninguna presión de parte de hermanos en la fe que podrían haber reforzado una conducta responsable; ninguno de los ofensores tuvo que justificar su conducta delante de sus hijos mayores; a ninguno se le exigió que se buscara otro sitio para vivir, más inconveniente del que tenía; a ninguno, al parecer, su cónyuge rechazado le negó los privilegios sexuales (Susana incluso recobró el ardor cuando se enteró del amorío, e inmediatamente pidió perdón); ninguno de los infieles tuvo que pagar por la consulta con un consejero matrimonial; ninguno tuvo que pagar abogado (o dos de ellos); ninguno tuvo que enfrentar las presiones económicas de mantener dos residencias; y, para colmo, ninguno tuvo que mirarse en el espejo cada mañana y preguntarse: «¿Por qué todo el mundo parece pensar que todo es mi culpa?»

Dadas las circunstancias, no debe sorprendernos que los enredos amorosos de los tres esposos continuaron a través de los años. (La esposa de Miguel estaba en una situación diferente; pero también necesitaba que su asunto fuera sacado a la luz y que se le confrontara con sus hechos.) Era de esperarse. La seducción de la infidelidad es un vicio para el individuo que tiene agrietada su armadura moral. Así como algunas personas se vuelven dependientes de sustancias químicas como el alcohol, la heroína o la cocaína, esa clase de personas está enviciada en el sexo ilícito. Tiene necesidades psicológicas de la emoción de la cacería, los encuentros clandestinos, la fruta prohibida, la lisonja, la conquista sexual, la prueba de que es un verdadero hombre o una verdadera mujer, y, en algunos casos, que su enredo salga a la luz. Al igual que el drogadicto, constantemente está intentando reformarse. Promete, con sinceridad, que nunca jamás volverá a su hábito. Pero, a menos que las acciones de todo su ambiente social respalden tal compromiso, lo más probable es que pronto lo olvide. En el caso de los esposos de nuestras invitadas, a todos se les arrulló en un ambiente perdonador y protector, que estimuló y respaldó su desatino. Lo que necesitaban eran esposas que estuvieran comprometidas con el concepto de una *firmeza amorosa*.

Hay otras lecciones que se pueden aprender de las experiencias de los que participaron en el diálogo. Volvamos al formato de preguntas y respuestas, el cual nos permite sacar a la luz esas gemas de conocimiento.

P. ¿Cómo puede usted decir que las cuatro víctimas de enredos amorosos fallaron al no confrontar a sus cónyuges infieles, cuando, por lo que escuchamos en el diálogo, es obvio que todos libraron increíbles peleas? Mariana describió esos conflictos como «horribles». Juanita dijo que se portó en forma «terrible», exigiéndole repetidas veces a Mauricio que terminara su infidelidad. ¿Es eso lo que usted quiere decir con eso de confrontar el problema?

R. Por desgracia, no. Simplemente enfurecerse y tener una fenomenal rabieta no es más eficaz con un cónyuge infiel que lo es con un adolescente rebelde. Gritar y acusar muy rara vez consigue cambiar la conducta de un ser humano de cualquier edad. Lo que se requiere es un curso de *acción*, un ultimátum que exija una respuesta concreta y que resulta en una consecuencia. Nada de eso ocurrió en ninguno de los cuatro hogares que hemos considerado. Ninguna de las víctimas reconoció la diferencia entre las expresiones de ira y la firmeza amorosa. Es un malentendido común.

P. Me interesó el comentario de Susana de que, al tolerar la infidelidad de su esposo, permitió que sus hijos tuvieran a su padre por seis años más. Mirándolo francamente, eso implicaría que la víctima de un enredo extramarital debiera guardarse el secreto por amor de los hijos. Eso es diferente de su consejo, por supuesto. Pero, ¿qué le diría usted a Susana? Ella les dio a sus hijos un padre por otros seis años valiosos.

R. Admiro mucho a Susana, y quiero ser amable con ella. Sin embargo, me parece que su perspectiva fue la de una vista muy corta. En el proceso de darles a sus hijos un padre por un tiempo más, ella también les dio una madre severamente deprimida, con tendencias suicidas, y con el correr del tiempo, el rompimiento del hogar. Sus hijos siguen sufriendo incluso hasta ahora, conforme ella misma indicó. Tal vez si ella hubiera sido más dura cuando ocurrió la primera aventura extramarital de su esposo, podría haberles dado a sus hijos un padre por toda la vida.

P. Susana dijo también que ella se hubiera separado de su esposo infiel si hubiera podido encontrar una base bíblica para hacerlo. Puesto que usted ha recomendado una separación en respuesta a algunos casos de infidelidad, me pregunto qué respaldo bíblico tiene para tal posición.

R. Al final de este capítulo voy a mencionar una interpretación teológica en cuanto al divorcio y al matrimonio, según consta en los escritos del doctor Charles Swindoll. Él hace referencia a un pasaje en Mateo, en el cual Jesús hace una excepción a la permanencia del vínculo marital en caso de infidelidad: «Y yo os digo que cualquiera que repudia a su mujer, salvo por causa de fornicación, y se casa con otra, adultera; y el que se casa con la repudiada, adultera» (Mateo 19:9). Voy a dejar que el doctor Swindoll explique tal interpretación. Para nuestro propósito en este punto, simplemente aceptémosla como está indicada; es decir, que el divorcio es permitido (aun cuando no obligatorio) en los casos de infidelidad continua, flagrante y sin arrepentimiento. Si esto es así, entonces una separación que no tiene la intención de matar el matrimonio sino de rescatarlo, debe también ser lícita. Si la persona tiene base bíblica para el divorcio, no se le puede acusar por tratar de salvar la relación mediante un doloroso proceso de separación. En este contexto, creo que vivir separados por un tiempo puede aclarar malentendidos en algunas familias, y permitir que comience el proceso de restauración, sobre todo si uno de los cónyuges necesita desesperadamente que se le exija cuentas. Por otro lado, una separación puede destruir un matrimonio si se efectúa por razones equivocadas y con mal espíritu.

P. ¿Qué diría usted en los casos de separación por razones ajenas a la infidelidad?

R. No encuentro ninguna prohibición bíblica en contra de que las parejas vivan separadas por un tiempo, si su propósito no es buscar el divorcio y casarse con otro. Como sugerí anteriormente, un cónyuge a menudo pisotea los nervios del otro, y desesperadamente necesita un tiempo a solas para reorientar su perspectiva. Según lo veo, el que una separación sea buena o mala depende sólo de la *intención* o del propósito, que únicamente Dios puede juzgar. Por ejemplo, una mujer cuyo esposo alcohólico necesita sentir lo que es la vida sin el respaldo de su familia, tal vez encuentre que una separación temporal es el único método de obligarlo a que busque ayuda profesional. La crisis de la soledad puede ser la última esperanza para que el hombre vuelva a sus cabales, y su esposa estará haciendo un acto de amor al hacerlo sentir más miserable. Si este es el deseo que motiva al cónyuge responsable a separarse, no encuentro condenación alguna en las Escrituras para eso. Pero, ¡cuidado! Esta interpretación puede también proporcionar una puerta abierta para la racionalización por parte de quienes están descontentos en su matrimonio y están buscando una manera de escaparse fácilmente. No puedo estar de acuerdo con tal maniobra.

P. Puesto que casi toda pareja tiene peleas de tiempo en tiempo, ¿qué es lo que distingue un matrimonio saludable en conflicto, del que está en problemas serios? Lo que quiero saber es cómo un esposo y una esposa pueden conocer cuándo sus peleas están dentro de los límites normales, y cuándo son síntomas de problemas más ominosos.

R. Es verdad que el conflicto ocurre prácticamente en todos los matrimonios. Así es como se ventila el resentimiento y la frustración. La diferencia entre las familias estables y las que están en problemas muy serios se refleja en lo que las peleas logran. En los matrimonios saludables, un período de peleas concluye con el perdón —en una unión más sólida— en un respeto y comprensión más profunda, y algunas veces en satisfacción sexual. Pero en los matrimonios inestables un período de conflicto produce más dolor, más ira, que persiste hasta la siguiente pelea. Cuando ocurre otra pelea, el asunto que anteriormente quedó sin resolver se acumula sobre otro. Esa acumulación de resentimiento es una circunstancia ominosa en cualquier matrimonio. ¿Será por eso que el apóstol Pablo nos advierte que no dejemos que el sol se ponga sobre nuestro enojo (Efesios 4:26)?

P. ¿Para quién es más difícil recuperarse después de una aventura extramarital de su cónyuge, para el hombre o para la mujer?

R. No he observado apreciable diferencia de un sexo al otro al momento en que el amorío sale a la luz. Tanto esposos como esposas sufren angustia incalculable cuando su cónyuge es infiel. Sin embargo, los hombres parecen tener una ventaja cultural, una vez que la crisis ha pasado. Su trabajo es una distracción mejor, y las consecuencias económicas son menos severas. También les resulta más fácil encontrar a otra persona, por regla general. Pero nadie gana con un amorío ilícito.

P. Usted se ha referido anteriormente a cierta clase de «ceguera» que ocurre cuando una víctima de un amorío ilícito niega la verdad. Mariana dijo que ella no notó la infidelidad de su esposo porque no quería verla. Pienso que yo hice lo mismo cuando mi esposo comenzó a enredarse con mi mejor amiga. La aventura duró más de dos años antes que yo me diera por enterada. ¿Por qué negué la verdad? ¿Por qué las víctimas «prefieren» hacerse los ciegos?

R. El proceso psicológico se llama negación, y lleva el propósito de proteger la mente contra pensamientos o realidades inaceptables. Como usted puede ver, una vez que una persona admite para sí misma que su amado cónyuge ha sido infiel, entonces está obligada a tratar con tal circunstancia. Las experiencias extremadamente dolorosas de sufrimiento, ansiedad e insomnio son inevitables una vez que se ha encarado la verdad. Es más, la persona herida teme que una confrontación con el cónyuge infiel pueda empujarlo más hacia los brazos de la nueva amante. Por todas estas preocupaciones, su mente inconsciente al parecer prefiere no notar el enredo, con la esperanza de que todo se acabará y quedará en el olvido. Obviamente, para una persona vulnerable hay amplia motivación para negar lo que está viendo con sus propios ojos.

Cuando la evidencia de infidelidad llega a ser aplastante, la persona algunas veces le «pedirá» al cónyuge culpable que le ayude a negar la verdad. Esto se logra haciendo acusaciones con la esperanza de que se demuestre que no son ciertas. Por ejemplo, una esposa dirá: «¿Están viéndose tú y Doris?»

«No. Ya te he dicho mil veces que no hay nada entre nosotros», miente él.

«Pero entonces, ¿dónde estuviste anoche hasta las dos de la mañana?»

«El auto se dañó. ¿Quieres dejarme tranquilo?»

La esposa sabe que el cuento del esposo es mentira, pero ella continúa pidiéndole que le mienta. En forma interesante, ella no se siente obligada a «delatarlo» mientras él no admita su acción… lo cual tal vez no ocurra nunca. Estos acuerdos tácitos le ayudan a ella a mantener la ilusión de que «todo marcha bien».

La negación tiene muchas aplicaciones y usos en la experiencia humana. Le permite a una mujer ignorar un abultamiento sospechoso en su seno, o las drogas que halla en el dormitorio de su hijo, o la deuda familiar que crece en forma alarmante. Mediante este proceso la mente queda protegida por un tiempo, pero a menudo permite que desastres de mayor magnitud se introduzcan en nuestra vida.

P. ¿Cómo debe una persona responderle a alguien que se halla en esa situación de negación? Tengo un buen amigo cuya esposa está traicionándolo con otro, pero él prefiere fingir que no ve el asunto. ¿Debiera yo hacer que él vea la realidad?

R. No me siento cómodo al dar una respuesta general a tal pregunta, en razón de las miles de situaciones específicas a las cuales pudiera aplicársela. Hay ocasiones cuando la negación es el único vínculo con la cordura y con la estabilidad, y estas deben ser preservadas. En otras ocasiones, puede ser un acto de amor genuino hacer estallar la burbuja de la ilusión. De cualquier manera, es arriesgado despertar al soñador, como Juanita descubrió cuando trató de contarle a su hija acerca de la conducta desordenada de su padre. La hija no quería aceptar lo que oía. Si la necesidad de negación es intensa, a menudo el individuo se desatará contra el que amenaza su validez.

P. Lo que más me sorprende en cuanto al diálogo que hemos oído es que los cuatro esposos infieles se consideraban creyentes. En realidad, el esposo de Juanita era pastor y profesor en una universidad cristiana, y el esposo de Susana era el presidente de un «comité de acción moral». Eran creyentes maduros, no eran niños en Cristo. ¿Cómo es que pudieron traicionar a sus esposas? ¿Qué es lo que pasa por la mente de alguien que viola tan abiertamente sus propias normas de moralidad?

R. Al igual que usted, yo también me asombro por la audacia de quienes se enredan en aventuras extramaritales y todavía se consideran creyentes. ¡Eso es gimnasia moral! Tales personas pueden repetir de memoria el séptimo mandamiento («No cometerás adulterio»), y comprenden plenamente la promesa de Dios de castigar al pecador, y sin embargo, de alguna manera esperan poder quebrantar la ley impunemente. Su conducta no sólo es prohibida por Dios, sino que también es una violación de todo código moral del mundo civilizado. Como si eso no fuera suficiente, un cónyuge infiel tiene que enfrentar la responsabilidad de destrozar a su esposo o esposa, y por perjudicar a los hijos de su unión, aquellos inocentes pequeños que ni siquiera sospechan que están a punto de ser despedazados por el egoísmo y vergüenza de uno de sus padres. Todo eso es más que suficiente para enfriar a algunos de los más apasionados aventureros y aventureras. En realidad, millones han llegado justo hasta la misma puerta de una aventura extramarital y, habiendo visto lo que hay más allá del umbral, han dado media vuelta y regresado a los brazos de un cónyuge que se siente enormemente aliviado.

P. Me parece que hay ahora más creyentes involucrados en divorcios de lo que nunca antes ha habido, y eso me preocupa. Algunos dicen que la Biblia ha sido mal entendida en este respecto, y que sí hay justificación bíblica para la disolución del matrimonio. ¿Está usted de acuerdo con estas interpretaciones?

R. Al igual que usted, yo también me doy cuenta de la actitud más liberal en cuanto al divorcio y al nuevo matrimonio que impera actualmente en los círculos cristianos, e incluso de parte de algunos líderes religiosos. Siempre ha habido presiones ejercidas sobre las personas en autoridad, para «modernizar» la Biblia y hacerla que parezca aprobar la conducta que nos hace sentir culpables. Pero todo intento de alterar las verdades eternas me deja muy preocupado. Por ejemplo, una publicación reciente de un teólogo evangélico invierte por completo el significado de las enseñanzas de Jesús, ofreciendo un complicado concepto acerca del contexto y del trasfondo. Así resulta que Jesús no quiso decir lo que dijo al afirmar: «Y yo os digo que cualquiera que repudia a su mujer, salvo por causa de fornicación, y se casa con otra, adultera» (Mateo

19:9). Esa afirmación de Jesús sería mucho más fácil de descartar si Él no hubiera sido tan explícito en su respuesta.

Volviendo a su pregunta, no quiero parecer insensible o dogmático al responder a las opiniones de otros creyentes. Pero admito que me preocupa lo que parece ser un esfuerzo por meter por la fuerza a la Biblia en un molde del siglo veinte. ¡Sencillamente no encaja!

P. ¿Cuál es, entonces, su posición teológica sobre el divorcio? ¿Es permitido un nuevo matrimonio para los creyentes?

R. Aun cuando tengo un punto de vista sobre este asunto, reconozco mi incapacidad para responder como autoridad bíblica a sus preguntas. No soy teólogo, y prefiero citar a un escritor que sí lo es. Por lo tanto, respondo a su pregunta citando lo que un buen amigo, el doctor Charles Swindoll, dice al respecto en su libro *Strike the Original Match* [Multnomah Press, Portland, OR, 1980. Usado con permiso.]. Estoy de acuerdo con la siguiente explicación que él ofrece:

El divorcio y el nuevo matrimonio: tema controversial

Estoy convencido de que no hay manera alguna en la que cualquier grupo de creyentes evangélicos, seleccionados al azar, podrán alguna vez lograr unanimidad en cuanto al tema [del divorcio y el nuevo matrimonio]. Iré todavía más allá. No creo que un grupo de teólogos evangélicos norteamericanos lograrían ponerse de acuerdo unánime sobre el divorcio y el nuevo matrimonio, ¡aunque viajaran juntos en el mismo autobús todo un verano, recorriendo todo el país! Es un asunto controversial. Por consiguiente, cualquiera que sea la conclusión a que yo arribe, estoy seguro de que algunas personas muy fieles, competentes e igualmente sinceras, estarán en desacuerdo. De modo que, ¡ahórrense las cartas y los sellos!

La pregunta que todo el mundo quiere que se conteste es esta: ¿Cuándo el divorcio es permitido? Debido a la limitación de espacio, evitaré mencionar muchas citas de palabrería y respaldo. Sea suficiente decir que responderé a la pregunta, teniendo al nuevo matrimonio en mente. En otras palabras, mis respuestas dan por sentado que lo que estamos realmente preguntando es: ¿Hay alguna base bíblica para que un divorciado vuelva a casarse?

Creo que sí la hay. He investigado en las Escrituras, y he leído todo lo que ha caído en mis manos, y he conversado sobre el asunto con mi esposa, mis amigos y otros compañeros de trabajo, miembros de comités en las iglesias, pastores, profesores de teología, y otros eruditos bíblicos serios. He hablado con numerosas personas divorciadas, personas solteras, parejas casadas, editores, autores que han escrito sobre el tema, y autoridades en la materia, evangélicos y no creyentes. Las siguientes son mis conclusiones, simplificadas por razón de la claridad.

Creo que el creyente evangélico tiene base bíblica para casarse nuevamente cuando el divorcio ocurrió en una de las tres situaciones que se describen a continuación:

1. *Cuando el matrimonio y el divorcio tuvieron lugar antes de su salvación.*

En 2 Corintios 5:17 leemos estas palabras: «De modo que si alguno está en Cristo, nueva criatura es; las cosas viejas pasaron; he aquí todas son hechas nuevas.»

Interpreto eso literalmente. En realidad, lo llevo hasta el extremo. Pienso que «nuevo» significa «nuevo»…de modo que cuando Dios promete al pecador que se convierte que es una «nueva criatura», quiere decir exactamente eso. Una creación completamente nueva y fresca. Nada parecida a lo anterior. Cuando Dios promete que las «cosas viejas pasaron», eso incluye el divorcio que tuvo lugar antes de la salvación. Después de todo, al haber estado alejado de Dios y en enemistad con Él, ¿cómo podía el incrédulo saber su voluntad tocante a la selección de un compañero para toda la vida? Habiendo pensado esto con mucho cuidado, creo que esto cae dentro del contexto de la sobreabundante gracia de Dios, que limpia nuestra vida cuando nos convertimos, por fe, a Cristo el Señor.

Cuando el matrimonio y el divorcio han tenido lugar antes de la salvación, creo que Dios concede a su «nueva criatura» la libertad para volverse a casar.

2. *Cuando un cónyuge es culpable de inmoralidad sexual y no está dispuesto a arrepentirse y a vivir fielmente con su cónyuge.*

Mucho se ha escrito sobre este tema en particular. Repito que he leído todo cuanto ha llegado a mis manos, de modo que no escribo estas palabras apresuradamente o en forma superficial. Estoy plenamente consciente de las dificultades conectadas con la determinación de quién es realmente el culpable cuando se trata de promiscuidad sexual. También reconozco la subjetividad que está involucrada al identificar la «inmoralidad sexual». Tales asuntos deben examinarse con mucho cuidado, por lo general con la ayuda de un consejero calificado, que pueda proveer de objetividad y sabiduría en un asunto tan serio. Cada caso debe ser considerado independientemente.

Sin embargo, no podemos ignorar o negar lo que Cristo dijo en Mateo 19:9: «Y yo os digo que cualquiera que repudia a su mujer, salvo por causa de fornicación, y se casa con otra, adultera.»

Se han dado toda clase de interpretaciones tratando de explicar lo que el Señor estaba diciendo en este pasaje. Francamente, después de examinar cada una de esas sugerencias y teorías (algunas de las cuales son increíblemente forzadas o complicadas), regreso al versículo y lo acepto diciendo lo que dice.

Toda mi vida cristiana he vivido bajo un principio muy simple —y sin embargo muy confiable— de interpretación bíblica: Si el sentido normal tiene sentido, no hay por qué buscar otro sentido. Hagamos eso aquí.

Cuando un cónyuge es culpable de conducta sexual inmoral con otra persona, y no quiere ser fiel al cónyuge inocente, la opción que hay para el cónyuge fiel es divorciarse y volverse a casar.

Antes de seguir a la tercera razón, permítame pedirle que vuelva a leer la última frase. Quiero ampliarla un poco más. Dos pensamientos cabe recalcar. En primer lugar, no se trata simplemente del caso de un episodio de infidelidad de una única ocasión. Aquí se habla de *porneia*. Esto para mí quiere decir una inmoralidad que indica una obstinada falta de disposición para seguir siendo fiel a su cónyuge. Vacilo al emplear las palabras, porque siempre hay riesgo de que se me interprete mal; pero estoy pensando en la idea de un estilo de vida inmoral, una determinación obvia de practicar una relación promiscua fuera del vínculo del matrimonio.

En segundo lugar, el cónyuge fiel tiene la opción de irse… pero tal opción no es obligatoria. He visto numerosos matrimonios que encontraron restauración en lugar de acabarse, debido a que el cónyuge fiel no sentía ninguna paz interna al pensar en pedir el divorcio. Qué mejor cosa que buscar maneras de hacer que el matrimonio funcione, antes que buscar afanosamente la evidencia necesaria para terminar con la relación. Pero hay ocasiones en que se ha hecho todo esfuerzo para mantener el matrimonio… pero la infidelidad sexual continua no lo permite. En tales casos el Señor concede libertad de un vínculo tan miserable e insoportable.

3. *Cuando uno de los cónyuges es un inconverso y por voluntad propia abandona permanentemente al cónyuge creyente.*

Probablemente usted no necesita que se le repita que se han hecho toda clase de sugerencias, de parte de eruditos bíblicos sinceros y con calificaciones, tratando de explicar qué constituye abandono… y de aclarar lo que realmente significa la frase «no está el hermano o la hermana sujeto a servidumbre». En razón de que he prometido evitar numerosas citas y tediosas páginas de palabrería, no intentaré siquiera presentar todas las opiniones que se han emitido, y que van desde la más increíblemente conservadora, hasta la más absurda (en mi opinión). Pero tal vez sea necesaria una palabra de cautela.

Cuando leemos del abandono de parte del cónyuge incrédulo, obviamente Pablo no se está refiriendo a una decisión temporal, súbita, de echarlo todo por la borda y marcharse de casa... sólo para regresar al poco rato. No; abandonar significa abandonar. Lo que se tiene en mente es definitivamente algo permanente. Implica una decisión determinada y a propósito que resulta en abandonar la relación matrimonial sin ningún deseo de regresar, ni interés en cultivar tal hogar, ni tampoco planes para hacer frente a las responsabilidades, y ningún compromiso con los votos que una vez se hicieron. Eso es «abandono». Y al cónyuge abandonado le quedan muy pocas dudas en tales casos. El matrimonio se ha acabado. Está concluido. Terminado.

Resumen y advertencia

Estoy de acuerdo con John R. W. Stott en que el divorcio fue una concesión divina a la debilidad humana. Ningún creyente debe buscar agresivamente la disolución de su vínculo matrimonial. Algunas de las mejores cosas que Dios tiene para enseñar a sus hijos se aprenden mientras se batalla para resolver las dificultades matrimoniales.

Historias sin fin pudieran contarse sobre cómo Dios honró la perseverancia de cónyuges maltratados o ignorados, debido a que ellos se negaron a darse por vencidos.

Pero en casos extremos, contra los deseos y esfuerzos del cónyuge comprometido, el vínculo matrimonial queda destruido más allá de cualquier habilidad humana para restaurarlo. Las Escrituras nos enseñan que la «divina concesión de Dios a la debilidad humana» es ocasionalmente justificada, concediendo a la persona cristiana divorciada el derecho y libertad de volver a casarse en el Señor.

[1] John R. W. Stott, *Christian Counter-Culture,* InterVarsity Press, Downers Grove, IL, 1978, p. 95.

Antes de concluir el capítulo, debemos dar una palabra de advertencia. Siendo humanos, y pecadores y débiles, todos nosotros estamos equipados con una formidable capacidad de racionalizar las cosas. A menos que conscientemente nos guardemos de ella, cuando atravesamos dificultades maritales comenzaremos a buscar una manera de zafarnos del lazo en lugar de buscar una manera de resolver la situación. Si se está suficiente tiempo en el crisol, el divorcio parecerá la única opción viable, nuestra utopía tan largamente esperada y merecida. Y comenzaremos a empujar en tal dirección, en ocasiones no haciendo caso de la voz interna del Espíritu de Dios, y a veces incluso violando los principios escritos de la Palabra de Dios. Cualquiera de tales acciones es dañina.

Hago una advertencia contra tales pensamientos y acciones. Dar rienda suelta a nuestro procedimiento carnal es interrumpir el mejor plan que Dios ha preparado para su pueblo y, peor que eso, es tergiversar la gloriosa gracia de Dios y convertirla en una excusa que nos alivie la culpabilidad por ceder a lo que nosotros mismos nos hemos acarreado, en lugar de aceptar lo que Él ha propuesto.

Donde Dios permite el divorcio y un nuevo matrimonio, aceptémoslo humildemente sin temor ni culpabilidad. No llamemos «inmundo» lo que Él limpió. Pero, por miserable que pudiera ser nuestra vida, tampoco pongamos en su boca palabras que le hagan decir lo que Él no ha dicho.

Hay algo mucho peor que vivir en desarmonía con un cónyuge. Es vivir en desobediencia con Dios.

12

Anatomía del adulterio

En razón de que los capítulos previos, y quizás el libro entero, ha dado la impresión de que la infidelidad es típicamente cometida por hombres egoístas que traicionan a sus esposas devotas, pienso que ahora debo presentar el otro lado de la moneda. Una encuesta secular informa que entre las personas de veintinueve años o menos, «significativamente más mujeres casadas tienen enredos extramaritales que los hombres casados». El mismo estudio también indica que las adolescentes pierden su virginidad más temprano que los varones. No tengo ninguna manera de verificar la validez de tales conclusiones, pero sí sé que las experiencias sexuales de parte de las mujeres se están volviendo comunes en nuestros días. Es algo evidente en el mundo que nos rodea.

Shirley y yo solíamos salir a correr en las primeras horas de la mañana, por el parque que queda cerca de nuestra casa. Todos los días notábamos dos automóviles estacionados, uno al lado del otro, en una sección remota del parque; uno de los vehículos estaba vacío, y en el otro había dos personas sentadas muy juntas la una de la otra. Las ventanas siempre estaban cubiertas de vapor. No se necesitaba un detective para saber lo que estaba ocurriendo allí. Nuestra conjetura fue que esos dos amantes secretos habían hecho creer a sus respectivos cónyuges que se marchaban al trabajo, en tanto que iban al parque para besarse y acariciarse. En algún lugar cerca de mi casa había dos familias no identificadas, y tal vez dos grupos de hijos, que sin saberlo estaban a la espera del momento en que la bomba estallara.

He observado que, cuando las esposas se enredan en actividades sexuales extramaritales, con frecuencia al hecho precede un juego único de circunstancias. Las mujeres están menos inclinadas a involucrarse en las relaciones múltiples y casuales que caracterizan a los hombres descritos en el capítulo 10. En lugar de eso, las mujeres infieles a menudo siguen la ruta que siguió la esposa de Miguel. Una mujer vulnerable puede encontrarse metida en un enredo que ella ni buscó ni esperó. Todo parece haber «sucedido» cuando ella y otra persona necesitada se encontraron en el momento apropiado (o inapropiado). Sin embargo, las consecuencias de la deslealtad que no se piensa son tan mortíferas como la infidelidad en primer grado.

Para fortalecerle contra ese pecado engañoso, y ayudar a los esposos a evitar las circunstancias que lo precipitan, describiré lo que he llamado la «anatomía del adulterio». Refleja la ruta más común al desliz femenino (aun cuando no es la única), y puede dividirse en once etapas o pasos distintos. Lo escribí después de aconsejar y ayudar a otra familia más en vísperas del divorcio.

Anatomía del adulterio

Etapa 1

La perspectiva de la esposa

La esposa se halla en una situación de necesidad emocional. Se siente sola, tiene un pobre concepto de sí misma y tiene dificultad en hacer amigas. Busca el romance con su esposo, pero él no nota el deseo de ella. Recurre al hostigamiento y a las quejas, lo cual pone un abismo mayor entre ellos.

La perspectiva del esposo

El esposo ha hecho varios compromisos de negocios que tiene que cumplir. Ocupa un cargo altamente competitivo y satisfactorio, y sus energías emocionales están agotadas cuando llega a casa. Ama a su esposa pero no tiene tiempo para «cargarla» psicológicamente.

Etapa 2

La perspectiva de la esposa

La frustración y depresión que ella siente, crece, y gradualmente da paso a la ira. Comienza a «castigar» a su esposo por los fracasos de este en el hogar.

La perspectiva del esposo

Hace algunos débiles intentos de relacionarse con su esposa, sobre todo después de las explosiones emocionales que han ocurrido entre ellos. Pero este leopardo encuentra difícil cambiar sus manchas. Todavía sigue demasiado envuelto en su trabajo, sea que le guste o no, y constantemente vuelve a sus hábitos acostumbrados.

Etapa 3

La perspectiva de la esposa

Esa mujer necesitada se halla ahora en una posición peligrosa. Es vulnerable a cualquier hombre atractivo que llegue a su vida. Inevitablemente, al parecer, tal encuentro se sucede. Una presentación casual a un hombre que sabe flirtear pone las ruedas en movimiento, y él rápidamente se convierte en el objeto de las fantasías de ella, de sus sueños y esperanzas. En comparación con su esposo él parece ser compasivo, mucho más digno, mucho más al tanto de sus emociones, mucho más digno de su respeto. Hasta aquí no ha ocurrido nada ilícito, pero ella pasa bastante tiempo pensando en una aventura amorosa con este hombre específico. El Señor dijo en cierta ocasión: «Porque cual es su pensamiento en su corazón, tal es él (o ella).» Esa mujer está convirtiéndose en adúltera en su corazón.

La perspectiva del esposo

El esposo continúa en completa ignorancia de lo que su esposa está pasando. Su mente está en otra parte. Desea que ella fuera más feliz porque él la quiere mucho, y también quiere a los hijos; pero no tiene ni idea de que la infelicidad de ella tiene que ver con él.

Etapa 4

La perspectiva de la esposa

Una relación extramarital gradualmente comienza a desarrollarse. No es que de repente tengan una relación sexual. Más bien, el amorío crece lentamente, con más y más reuniones secretas y una amistad que crece cada vez más. Ella se siente culpable, por supuesto, pero la emoción es increíble. De todas maneras, a su esposo parece que ni siquiera le importa. Por último ocurre; tiene lugar el acto sexual.

La perspectiva del esposo

El hombre de la casa todavía no se da cuenta de ninguna infidelidad. Tal vez note cierta frialdad de parte de la mujer, y que ya no le exige tanto su atención, pero sus sospechas todavía no se despiertan. La hostilidad de ella en contra de él puede aumentar en este tiempo, pero él ya se ha acostumbrado a tal actitud en ella.

Etapa 5

La perspectiva de la esposa

La actividad sexual ilícita aumenta, con toda la culpa, el temor y las pasiones crudas que acompañan esta forma de vida. Su vida espiritual se deteriora rápidamente, mientras ella racionaliza las cosas y vive una vida doble. Es una tarea difícil desempeñar el papel de esposa fiel cuando está dándose por entero a otro. La lectura de la Biblia, y la asistencia a los cultos se vuelven menos frecuentes o inexistentes. Ella pierde todo interés sexual en su esposo.

La perspectiva del esposo

El hombre tal vez comience ahora a preocuparse por primera vez por el deterioro de su relación. Todavía no tiene evidencia alguna en qué basar sus sospechas, pero intuitivamente sabe que algo ha cambiado. Su reacción en esta etapa es todavía de confusión.

Etapa 6

La perspectiva de la esposa

Para la esposa la aventura continúa ardiente y sólida. Ella aprovecha cada minuto que puede para pasarlo con su nuevo amante.

La perspectiva del esposo

De alguna manera se entera del asunto, por lo general «accidentalmente». Tal vez descubre una mentira, o recibe una llamada telefónica anónima. ¡Su primera reacción es de completa sorpresa! No puede creer lo que ha sucedido. Confronta a su esposa en uno de los encuentros más emocionalmente cargados y desagradables de su vida. Lo recordarán para siempre.

Etapa 7

La perspectiva de la esposa

Sus sentimientos de culpabilidad y vergüenza son sepultados bajo racionalizaciones y recriminaciones contra su esposo. No admitirá nada que no se vea obligada a revelar. Dependiendo de la calidad de la evidencia que tenga el esposo, tal vez todavía en esa etapa continuará mintiendo y lo negará todo. Por otro lado, algunas mujeres se doblegarán emocionalmente, llorarán a raudales y suplicarán perdón. De cualquier manera, esa etapa se caracteriza por emociones que fluctúan alocadamente de día a día.

La perspectiva del esposo

Por primera vez el esposo siente un enorme dolor. Donde casi ni le daba la hora a su esposa algunas semanas antes, ahora el cónyuge infiel se convierte súbitamente en lo único que importa en su vida. Este fulano que prefería irse a un partido de fútbol con sus amigos, antes que pasarla con su esposa —el hombre que se escondía detrás del periódico todas las noches cuando llegaba del trabajo— ahora se halla suplicando los favores de ella. Se humilla. Llora. Ha habido hombres, en esa situación, que me han llamado de un teléfono junto a alguna carretera por la que han estado conduciendo a ciento treinta kilómetros por hora, buscando algún lugar contra el cual estrellar el automóvil. ¡Qué cuadro tan lamentable!

Etapa 8

La perspectiva de la esposa

Ahora llegamos al punto crítico. Cuando se les confronta con las implicaciones espirituales de su conducta, algunas mujeres deciden no sacrificar a sus familias, y optan por reconciliarse con su esposo. Otras están decididas a salirse con la suya, y marcharse con su nuevo amante, que es infinitamente más emocionante y seductor. Tal mujer puede sentir compasión por su cónyuge, y no tener ningún deseo de lastimarlo, pero encuentra que es aburrido y desdeñoso.

La perspectiva del esposo

El dolor que siente el esposo se intensifica. Nunca ha conocido tal tensión emocional en toda su vida. Los celos le queman el corazón, al imaginarse lo que su esposa y su amante habrán hecho juntos. En otras ocasiones sentirá rabia, culpa, remordimiento, amor, odio y desesperación. Comete todos los errores que se han descrito en los capítulos anteriores de este libro, incluso el apaciguamiento, la trampa, el pánico, las amenazas de violencia física, y el rebajarse a sí mismo. Ahora es él quien está batallando con el pobre concepto de sí mismo que su esposa experimentó años atrás.

Nota: Como el modelo típico puede tomar diferentes direcciones a partir de este punto, dependiendo en la reacción de la mujer, seguiremos aquel donde continúa la aventura extramarital.

Etapa 9

La perspectiva de la esposa

Se ha dicho que «una mujer quiere un hombre al cual ella pueda levantar sus ojos, pero no uno que no bajará los suyos para mirarla a ella». Es verdad. Las mujeres necesitan tener a su esposo en cierta opinión de asombro, o por lo menos con modesto respeto, para que la relación sea saludable. El apóstol Pablo instruyó a los hombres a que *amaran* a sus mujeres, pero a las mujeres les dijo que *respetaran* a sus esposos. Esas son las condiciones que se necesitan respectivamente de cada sexo. Sin embargo, esa mujer comienza a experimentar una lucha interna. El bienestar de sus hijos tiene mucho peso en sus pensamientos, y sabe que están sufriendo. Ella ve por primera vez los errores y faltas de su nuevo amante, y el sueño romántico se desvanece un poco. La relación sexual con él todavía es estimulante, pero ya no la entusiasma locamente como antes. Todas las horribles realidades del divorcio se presentan ante sus ojos. ¿Es eso lo que ella quiere? Sin embargo, recuerda su situación anterior de soledad y pobre concepto de sí misma, y dice: «¡No puedo regresar a lo mismo!» Ese es el motivo, más que ningún otro, que tal vez la arrojará al abismo.

La perspectiva del esposo

La turbulencia de la etapa 8 continúa sin menguar, sobre todo a medida que el esposo contempla los detalles de lo que su esposa y su amante están teniendo juntos. Piensa que no puede soportarlo, y ese temor se hace evidente en todo lo que hace.

Su trabajo sufre, y su semblante revela la tensión bajo la cual se halla. Desafortunadamente, la conducta que ahora muestra el cónyuge rechazado sirve para asesinar el respeto, y pone una tensión severa en una relación de por sí ya demasiado tensa y a punto de romperse.

Etapa 10

La perspectiva de la esposa

Se toma la decisión de divorciarse; se consulta con el abogado; se entabla la demanda; se celebran las audiencias y se hace la repartición de bienes. Los hijos se ven atrapados en medio del conflicto, y convertidos en objetos de lucha y pelea. Se libra una sangrienta batalla por la custodia de los hijos, con numerosas víctimas de lado y lado. Se intercambian palabras ásperas. Se derraman lágrimas. Luego se secan, y la vida continúa; las personas aprenden a sobreponerse al golpe. Pero de cuando en cuando, justo antes de retirarse a la cama por las noches, o quizás en un momento de quietud, la mujer se pregunta: «¿Qué es lo que he hecho?»

La perspectiva del esposo

La mente humana no puede tolerar en forma indefinida la agitada depresión y el sufrimiento. La personalidad saludable tomará a su debido tiempo las medidas necesarias para protegerse a sí misma, echando fuera de sí la desesperación y tratando afanosamente de encontrar algo de estabilidad. Un método por el cual se consigue esto es convirtiendo el dolor en ira. De este modo, el esposo tal vez albergue una profunda pero callada hostilidad contra su esposa; aquella que traicionó su confianza, destrozó su hogar, gastó la mitad de su dinero e hizo tanto daño a los hijos. Ya no se echa la culpa de lo ocurrido, sintiendo en vez de eso que fue traicionado. No recibiría a su esposa de nuevo, bajo ninguna circunstancia. Comienza a prepararse para lo que venga.

Etapa 11

La perspectiva de la esposa

A medida que se desarrollan los acontecimientos, se casa con su nuevo amante, y la vida se vuelve emocionante otra vez por algún tiempo. Pero, con el correr de los días, se convierte otra vez en lo mismo que su matrimonio anterior. La gran emoción desaparece, puesto que la relación, «había sido demasiado ardorosa como para no enfriarse». La rutina diaria retorna. Los encuentros furtivos, las risas, y las caminatas y largas conversaciones dan lugar a los quehaceres de casa, al lavado de ropa, cocinar, e ir al trabajo. El matrimonio tal vez tenga éxito o no. Las probabilidades de otro divorcio son mucho más altas que para los primeros matrimonios, *quizás debido a que ambos cónyuges han demostrado una predisposición para enredarse con amantes casados.* Si no ocurre otro divorcio, los nuevos cónyuges avanzarán trabajosamente a través de los años, moviéndose inexorablemente hacia el gran día de rendir cuentas, cuando sus vidas se presentarán desnudas ante el Creador. Estas dos personas están convencidas de que hicieron lo correcto, excepto que… cuando piensan en los hijos… se sienten culpables.

La perspectiva del esposo

El hombre gradualmente se abre camino a través de su resentimiento y llega a un estado de apatía. La vida retorna a la rutina normal, con la excepción de que su esposa se ha ido. Probablemente volverá a casarse, puesto que en nuestra sociedad la demanda de hombres divorciados es mucho mayor que la de divorciadas. Nuevamente se concentra en su trabajo, y cierra de un portazo la puerta del pasado. Excepto que… cuando piensa en los hijos… se siente culpable.

> Sino que cada uno es tentado, cuando de su propia concupiscencia es atraído y seducido. Entonces la concupiscencia, después que ha concebido, da a luz el pecado; y el pecado, siendo consumado, da a luz la muerte.
>
> *Santiago 1:14, 15*

Sé que he pintado un cuadro muy lúgubre, pero representa la realidad según la percibo. El adulterio no es ni lectura placentera, ni tema agradable sobre el cual escribir, pero pienso que alguien debe describir el lado sórdido de este pecado. Noche tras noche vemos en televisión personas físicamente hermosas que se acuestan con extraños, y todo parece tan emocionante. Revistas populares nos dicen que tener muchas relaciones sexuales con una variedad de personas no sólo es saludable sino que todo el mundo lo hace. Libros ridículos tales como *Open Marriage* [Matrimonio abierto] hacen que las aventuras extramaritales suenen como si fueran un tónico que garantiza la revitalización de las relaciones marchitas. Para colmo, en ocasiones parece que el mundo entero de la diversión y el espectáculo está organizado con el único propósito de propagar esa enorme mentira, y que nadie está efectivamente preocupado en refutarla.

Lo que voy a escribir a continuación bien puede sonar a in-

ventado, pero es la pura verdad. Me he encerrado con mi familia
para escribir este libro, y muy pocas personas sabían que estoy
en la ciudad. Sin embargo, acababa de escribir el párrafo que antecede, cuando sonó el teléfono. Quien llamaba era una mujer
desesperada que pedía orientación con respecto a sus problemas
matrimoniales. Me dijo que su esposo, que dice ser creyente, se
ha ido con una jovencita y está viviendo en otra ciudad cercana.
Allí está otra epidemia que diezma al mundo. Por eso me he sentido impulsado a escribir este libro difícil. La infidelidad y el conflicto marital son cánceres que corroen el alma de la humanidad,
destrozando y envolviendo a miembros inocentes de la familia, a
quienes no les queda más que quedarse contemplando el conflicto.

El culpable también sufre severamente. Dios no ha prohibido las relaciones sexuales indiscriminadas sólo para privarnos de
algo divertido. En su sabiduría suprema, Él quería protegernos
de la devastación del pecado. Herpes, sífilis, SIDA (Síndrome de
Inmunodeficiencia Adquirida), y gonorrea, no son las únicas consecuencias de la pasión desordenada. El mayor sufrimiento es sufrido en el alma de la humanidad. Considérese la siguiente carta
de una mujer llamada Florencia.

Estimado doctor Dobson:

Hemos escuchado su programa radial en el que usted trató
las consecuencias del adulterio. Eso mismo le ocurrió a nuestra familia, y quisiéramos contarle nuestra historia.

Mi esposo me ha sido infiel por muchos años, aun cuando
yo nunca había conocido ni deseado tener otro hombre. Por
último, su actitud disoluta con respecto al matrimonio comenzó a afectar también mi propio compromiso, y yo también me
enredé en una aventura extramarital. Pasaron nueve meses
antes que mi esposo descubriera lo que estaba ocurriendo.
Desde entonces ha quedado completamente devastado.

Guillermo siente tanta culpa e ira contra sí mismo, porque
piensa que esto nunca hubiera ocurrido si él mismo no hubiera sido infiel. Dice que ha perdido algo más precioso que el
oro cuando perdió esta parte de mí. Sus emociones le hacen

hacer cosas extrañas. Ante todo, se pone muy furioso conmigo por lo que le he hecho; luego se enfada porque se lo conté. Su cólera y odio después se dirige contra el otro, algunas veces al punto de querer hacerle algún daño serio. Otras ocasiones se pone a torturarse mentalmente, imaginándose lo que «ocurrió» entre el otro y yo. Esta situación de ira ocurre alrededor de una tercera parte del tiempo. Otra tercera parte la pasa llorando y aborreciéndose a sí mismo, y la otra tercera parte en quererme tanto que nada más le importa con tal de que estemos juntos.

Hemos pasado incontables horas en oración, pidiendo que Dios nos quite la ira y el dolor, y nos ayude a recuperarnos. Todo lo que queremos ahora es ser felices y recompensarnos por lo que nos hemos hecho mutuamente. Sentimos que nos queremos mucho más que antes, y queremos servir juntos al Señor en los años que nos restan. Pero Guillermo y yo necesitamos que este tormento se aleje. ¿Podría usted ayudarnos?

Florencia

Guillermo ha descubierto uno de los principios eternos sobre los cuales descansa el universo: todos somos gobernados por un código moral que no puede violarse sin acarrear consecuencias inevitables. Esto ha sido verdad a través de toda la historia de la humanidad. En realidad, el remordimiento de Guillermo me hace recordar del sufrimiento que sintió el rey David debido a un pecado similar, hace como tres mil años. Como usted recordará, David cayó en una relación adúltera con Betsabé, mientras el esposo de ella estaba en la guerra. Dios se enojó mucho contra el rey debido a este acto de pecado, y juró que su castigo incluiría rebelión e inmoralidad sexual dentro de la propia familia de David.

Esa maldición se manifestó en la vida del hijo de David, Absalón, quien intentó derrocar al rey. Para insultarlo deliberadamente, el desafiante joven tuvo relaciones sexuales públicamente con las mujeres de su padre. En la guerra civil que resultó, Absalón fue ejecutado cuando su cabellera se enredó en las ramas de un árbol.

Cuando David se enteró de la muerte de su hijo, sabía que su propio pecado con Betsabé había sido la causa de tan trágico clímax. Su agonía queda descrita en una de las escenas más patéticas de la Biblia: «Entonces el rey se turbó, y subió a la sala de la puerta, y lloró; y yendo, decía así: ¡Hijo mío, Absalón, hijo mío, hijo mío, Absalón! ¡Quién me diera que muriera yo en lugar de ti, Absalón, hijo mío, hijo mío!» (2 Samuel 18:33).

Fue un momento trágico cuando David iba y venía sintiendo la culpa y el remordimiento. El adulterio siempre produce esa devastación, tanto para el cónyuge inocente como para el culpable, sin decir nada con respecto a los jóvenes «Absalones» de la familia. ¡Esa es la ley inevitable de Dios! Salomón, otro de los hijos de David, lo dijo con acierto:

> ¿Tomará el hombre fuego en su seno sin que sus
>   vestidos ardan?
> ¿Andará el hombre sobre brasas sin que sus pies se
>   quemen?
> Así es el que se llega a la mujer de su prójimo; no
>   quedará impune ninguno que la tocare.
> No tienen en poco al ladrón si hurta para saciar su
>   apetito cuando tiene hambre;
> Pero si es sorprendido, pagará siete veces; entregará
>   todo el haber de su casa.
> Mas el que comete adulterio es falto de entendimiento;
>   corrompe su alma el que tal hace.
> Heridas y vergüenza hallará, y su afrenta nunca será
>   borrada.
>
> *Proverbios 6:27-33*

¿Por qué he repetido lo que todo creyente evangélico debe de saber, de que la promiscuidad sexual es prohibida por Dios y es destructiva para el matrimonio? Supongo que esas palabras sirven para expresar mi propia frustración por la actitud permisiva de nuestra época, cuando nos hemos tornado tan impasibles con respecto al mal en todas sus formas. Esta enfermedad del pecado es más mortífera, más virulenta, que cualquier otra conocida por la humanidad; sin embargo, la familia está afectada por esta fiebre. En momentos en que desesperadamente se necesita de la iglesia genuinamente cristiana para que llame a la nación al arrepentimiento, mucho del énfasis que la iglesia hace recae sobre los supuestos beneficios de la «conversión al cristianismo»: salud, riqueza y sabiduría en los negocios. «Algo bueno va a sucederle hoy», cantamos. Tal vez sí, tal vez no.

Asisto a los cultos de las iglesias, y escucho esa retórica positiva que halaga a los oídos, mientras que los que me rodean son personas que han acudido a mi oficina buscando consejo en alguna ocasión. Toda forma de rebelión contra Dios está representada detrás de sus pupilas, mientras que la enfermedad que aflige a la humanidad sigue su curso sin que sea detectada o diagnosticada. Doy gracias a Dios por los pastores que todavía tienen la valentía de llamar al pecado por su nombre, y que urgen a su congregación a arrepentirse y a obedecer al Señor de los ejércitos.

También doy gracias de que *ningún pecado* está más allá del perdón de Dios. Incluso el pecador más egoísta y perverso que hay sobre la faz de la tierra puede obtener limpieza total en la cruz. Lo único que tiene que hacer es arrepentirse de sus pecados y creer en el nombre del Señor Jesucristo. Luego debe bautizarse y formar parte de la hermandad de los creyentes. A partir de ese punto, la promesa es que sus pecados serán alejados así como el oriente lo está del occidente, y nunca más serán recordados. Esa es la proposición más grande que jamás se ha ofrecido en toda la historia de la humanidad.

13

El amor firme en otras circunstancias

Ahora que ya le he dicho más de lo que usted jamás quiso saber en cuanto al adulterio, es tiempo de aplicar la filosofía del amor firme a otros problemas familiares difíciles. Como se ha indicado, este enfoque a las relaciones personales no queda confinado a los enredos extramaritales ilícitos, y ni siquiera sólo al marco del matrimonio. Tiene su lugar dondequiera que dos o más personas se relacionan la una con la otra. Miremos brevemente, entonces, en el contexto de nuestro tema, a algunas de las espinosas situaciones que confrontan las familias de hoy, refiriéndonos nuevamente a cartas recibidas en respuesta a los programas radiales *Focus on the Family* [Enfoque a la familia].

I. La esposa de un hombre violento

Estimado doctor Dobson:

Esta es una carta extremadamente difícil de escribir, pero necesito encontrar ayuda.

Mi esposo y yo hemos estado casados por doce años, y la mayor parte del tiempo él ha tenido un problema secreto. Sólo yo sé que tiene un temperamento violento que me tiene absolutamente aterrorizada. Él es líder en nuestra iglesia, y un abogado muy prominente en nuestra ciudad. Todo el mundo lo respeta mucho. Pero cuando está en casa es una persona muy diferente.

Por lo menos una o dos veces al mes explota con alguna cosa que los niños o yo hayamos hecho y que le irrita, y se pone realmente furioso. Grita, tira cosas, me amenaza, y hace una escena horrorosa. Si digo algo inapropiado, o si digo algo, me da bofetadas y puñetazos.

La semana pasada me aflojó tres dientes y me reventó el labio. ¡Realmente pensé que me iba a matar! Eso sucedió debido a que no hice unos mandados que me había pedido que hiciera. Lo que me molesta es que las golpizas están haciéndose cada vez más frecuentes y más violentas.

Después que la pelea se acaba, mi esposo se niega a aceptar ninguna culpa de lo que ha pasado. Obstinadamente insiste que todo es culpa mía, por provocarlo deliberadamente. Él interpreta todo como un insulto personal. La única manera de mantenerlo en calma es hacer todo lo que pide, y conservar para mis adentros cualquier pensamiento que pudiera siquiera irritarlo.

No sé qué hacer. Realmente quiero mucho a mi esposo. Él es un hombre muy bueno cuando no está furioso. Nunca muestra este lado de sí mismo en público, ni siquiera cuando está frustrado. Nadie tiene la menor idea de que maltrata a su esposa. No se lo he dicho a nadie, y mi esposo explotaría si le pidiera que fuera conmigo en busca de consejo. ¡No quiero ni siquiera pensar en lo que haría si supiera que estoy consultándolo a usted!

De modo que ¿qué puedo hacer? No creo en el divorcio. Trato de ser gentil y cautelosa todo el tiempo, pero inevitablemente alguna vez digo o hago algo que no le gusta y él explota de nuevo. Estoy hastiada de que me golpee, y de tener que quedarme en casa por días enteros hasta que sanen los moretones.

¿Cómo podría resolver esta situación?

Laura

El problema del maltrato físico a las esposas está alcanzando proporciones epidémicas en las familias de hoy. La violencia que caracteriza a la cultura que nos rodea está traduciéndose a las relaciones de esposos a esposas y a la interacción de padres a hijos.

Volúmenes enteros se han dedicado a este problema, y lo más probable es que yo no voy a añadir más comprensión a eso en el espacio y el tiempo de que dispongo. Puedo, eso sí, ofrecer a Laura una respuesta condensada de lo que podría ser la base para nuestra manera de trabajar, si estuviera aconsejándola en persona.

Según lo veo, Laura tiene sólo cuatro opciones para enfrentar sus circunstancias:

1. *Seguir en silencio en casa, caminar como sobre huevos, y ser la eterna reconciliadora.* Así es como ella se está comportando ahora, pero no está llegando a ningún lado. No importa cuán pasiva se vuelva, en algún momento va a desatar la ira de su iracundo esposo. Además, pagará emocionalmente un terrible precio por vivir año tras año en un barril de pólvora. A largo alcance, esa no es la respuesta.

2. *Divorciarse.* En mi calidad de creyente, estoy de acuerdo con Laura que el divorcio no es la solución a este problema. Nuestro propósito debe ser cambiar la conducta del esposo, no matar el matrimonio.

3. *Proceder con un «divorcio emocional», siguiendo casada pero a la vez manteniéndose separada e independiente de su esposo.* Esta forma de «aislamiento emocional» amparará a Laura del sufrimiento psicológico, pero abonará para una relación terrible. No favorezco la idea.

4. *Reaccionar poniendo en práctica el amor firme.* Eso es arriesgado y psicológicamente costoso, pero es mi sugerencia y recomendación. En esencia, Laura está siendo chantajeada emocionalmente por su esposo. La conducta de él le está diciendo: «Haz como yo digo o te golpeo.» Ella debe romper esa tiranía mientras es todavía lo suficiente joven como para enfrentar las consecuencias. Esto pudiera lograrse llevando las cosas al punto de una crisis obligada. Los cambios de conducta no ocurren cuando el mar está en calma, como ya hemos visto; algunas veces ocurren después de la tormenta. Sugeriría que Laura escoja una de las exigencias más absurdas que le haga su esposo, y que se niegue a realizarla. Déjelo

que reviente, si quiere hacerlo. Ella debe arreglar de antemano un lugar a donde irse, y pedir a amigos o parientes que intervengan para ayudarla en esos momentos críticos. Tal vez sea necesario irse a vivir a otro lugar mientras el esposo se calma. Hay que obligarlo a él a que piense que ha perdido una esposa debido a ese asunto, y en realidad, recomendaría que ella no vuelva a vivir con él mientras no haya razón para creer que él está dispuesto a cambiar. Si requiere un año, que así sea. Cuando (y si) su esposo reconoce que tiene un serio problema y promete afrontarlo si ella regresa a casa, debe haber un período de negociaciones. Una de las condiciones para la reconciliación debe ser el acudir a recibir consejo profesional evangélico para el problema psicológico que en la actualidad es claro para todo el mundo menos para el mismo esposo. Por supuesto, Laura necesitará el respaldo de parte de amigos y consejeros cristianos, sobre todo durante el tiempo de la crisis. Sobra decir que el asunto entero debe ser sumergido en oración desde el mismo comienzo. No puedo ofrecer ninguna garantía de que este consejo resolverá el problema que Laura tiene con su violento esposo; pero creo que representa la mejor posibilidad de conseguir éxito. Para quienes disienten de este consejo, ¿qué sugerirían ustedes? Los consejeros que sugerirían que esta aterrorizada mujer siga siendo pasiva y sumisa a pesar del maltrato que recibe deben mirar directo a los ojos de ella, y decirle personalmente su consejo. No creo que a nadie se le puede exigir que viva en semejante terror, y en realidad, sugerirlo sería tolerar una conducta que con el tiempo demostrará ser fatal para el matrimonio, de todas maneras.

Pregunta relacionada

P. ¿Está usted sugiriendo que cualquier mujer que está siendo maltratada debe seguir el mismo curso de acción? Mi esposo me golpeó una ocasión en una pelea muy seria que tuvimos. ¿Debo separarme de él?

R. No estoy ofreciendo un consejo general y obligatorio para toda esposa que ha tenido algún encuentro violento con su esposo. Como en el caso que usted relata, todo hombre puede enfurecerse al punto de hacer cosas de las cuales de inmediato se arrepiente y nunca más las vuelve a hacer. Eso es muy diferente de la situación repetitiva y patológica en que se encuentra Laura. Permítaseme ofrecer otra palabra de precaución, que más que probablemente será mal entendida por quienes quieren mal entenderla. Tiene que ver con un tema tan volátil que hasta los ángeles temen tocar. He visto relaciones maritales en que la mujer deliberadamente «hostiga» a su esposo hasta que él la golpea. Esto no es verdad en la mayoría de los casos de violencia doméstica, pero ocurre. ¿Por qué, tal vez alguien pregunte, alguna mujer va a querer que su esposo la golpee? Porque las mujeres son tan capaces de odiar y de enfurecerse como los hombres, y una mujer puede devastar a un hombre al provocarlo para que la golpee. Es un arma potente. Una vez que él ha perdido los estribos y desatado su furia contra quien lo atormentaba, entonces ella puede lucir evidencia innegable de su crueldad. Puede mostrarles los moretones o heridas a sus amigas, las cuales se quedarán boquiabiertas por la maldad de aquel hombre. Puede acusarlo, y en algunos casos hacer que lo metan a la cárcel. Puede avergonzarlo en el trabajo y en la iglesia.

En pocas palabras, a cambio de aguantar unos cuantos golpes, instantáneamente consigue una ventaja moral a ojos de los vecinos, amigos y ante la ley. Hasta puede ayudarla a justificar un divorcio, o, si viene al caso, obtener la custodia de sus hijos. He visto mujeres que apocan y hostigan a sus esposos hasta que consiguen hacerlos estallar de furia. Algunas esposas tienen más poder verbal que sus esposos, y pueden ganar una batalla de palabras cualquier día de la semana. Finalmente, los hombres llegan a un punto tal de frustración que explotan haciendo precisamente lo que sus esposas estaban rogando desde el comienzo que les hicieran.

Recuerdo a una mujer que llegó a la iglesia con un

enorme ojo amoratado, fruto de un puñetazo de su esposo. Ella pasó a la plataforma, ante más de quinientas personas, e hizo un anuncio de rutina acerca de algún acontecimiento que se avecinaba. Todo el mundo presente notó su ojo amoratado y se preguntaba qué canalla se lo había puesto así. Eso era precisamente lo que ella quería. Sucedió que yo sabía que su poco comunicativo esposo había soportado el hostigamiento verbal de su esposa por mucho tiempo, hasta que finalmente le colmó la paciencia y le propinó el premio que ella buscaba. Entonces ella lo llevó a la iglesia para lucirlo.

Es obvio por qué este análisis es inflamatorio para mujeres como Laura, que son víctimas en el verdadero sentido de la palabra. Pueden pensar que estoy sugiriendo que ellas son las responsables por la violencia de sus esposos. ¡No es así! Pero la violencia doméstica tiene más que una sola fuente de motivación, y hay que admitir tal hecho.

II. El cónyuge de una persona que maltrata fisicamente a los hijos

Mi amigo Paul Powers fue una de las víctimas más patéticas del maltrato infantil que jamás he conocido. Tanto su madre como su padre eran alcohólicos, que tuvieron o adoptaron doce hijos a pesar de que no podían cuidarlos. Cuando Paul tenía siete años, una noche su madre regresó de una fiesta, completamente ebria, y se cayó poco antes de llegar a la puerta de entrada. Los niños la encontraron a la mañana siguiente, tirada sobre la nieve. Ella pescó una pulmonía muy grave. Dos semanas más tarde, cuando Paul llegó a casa después de la escuela, su madre lo llamó junto a su cama y le tomó de la mano; pero murió antes que pudiera decirle nada. Al ver que ella había muerto, el niño corrió llorando a su padre ebrio, quien lo alejó de un empujón, y comenzó a darle puñetazos. El hombre gritaba: «¡Cállate la boca! ¡Los hombres no lloran!» Paul quedó con la nariz rota, lo mismo que dos costillas, y perdió varios dientes. Hasta hoy lleva una cicatriz de cinco centímetros dentro de su labio inferior, resultado de la golpiza que su padre le propinó ese día. Paul no volvió a llorar hasta que tuvo veintidós años de edad.

Ese suceso fue típico de los años de crecimiento de Paul. Sobre todo después de la muerte de su madre, él y sus hermanos tuvieron que soportar golpizas crueles y perversas regularmente. El maltrato de parte del padre fue llevado al conocimiento de las autoridades locales en numerosas ocasiones, y cada vez una trabajadora social visitaba el hogar. Tan pronto como ella salía, Paul y varios de sus hermanos eran llevados al sótano, desnudados y azotados sin misericordia hasta que no podían levantarse del suelo.

No es de sorprenderse que Paul y cada uno de sus once hermanos fueron a parar a la cárcel. Cuando tenía doce años, Paul cometió su primer asesinato al intentar un robo. Mató a una mujer que trabajaba en un parque de diversiones, porque se negó a darle dinero. El juez le preguntó al padre de Paul qué es lo que quería hacer con el muchacho, y él respondió: «¡Mándelo al infierno!» Paul fue enviado a prisión por ese y otros delitos relacionados, y estaba lleno de odio y resentimiento. Pero allí en la prisión, cinco años más tarde, tuvo lugar el suceso más significativo de toda la vida de Paul. Tenía diecisiete años cuando vio una película de Billy Graham y comenzó a conocer al Señor Jesucristo. Algún tiempo más tarde se arrepintió de sus pecados y fue maravillosamente convertido. ¿Puede usted imaginarse lo que debe haber sido para este joven, que jamás había conocido lo que es cariño, que no había experimentado sino dolor, sufrimiento y aflicción, ser limpiado y saber que el mismo Creador lo amaba? Su vida entera fue cambiada en ese increíble día.

Con el tiempo Paul fue puesto en libertad, se casó con una mujer creyente, y tuvieron una niña. Sintió que Dios quería que él distribuyera películas cristianas, ya que Dios lo había encontrado mediante ellas. Pero los tiempos eran difíciles. Paul y su esposa luchaban por sobrevivir económicamente en su minúsculo ministerio. Era la temporada de Navidad, y no tenían dinero ni siquiera para comprar alimentos.

Al hablar con algunas iglesias que habían proyectado sus

películas, Paul pudo cobrar algunos dólares que le debían. Su esposa llevó ocho dólares a la tienda, para comprar comida. Cuando regresó, Paul se enfureció mucho al enterarse de que ella había gastado un dólar en papel de regalo. Mientras que Paul y su esposa discutían agriamente, su hija de tres años estaba calladamente revisando las bolsas de los víveres. Cuando encontró el papel de regalo, se lo llevó a la otra habitación y lo usó para envolver una caja de zapatos.

Paul finalmente cayó en cuenta de que la niña no estaba con ellos, y fue a buscarla. La halló sentada en el piso, con la caja envuelta con el papel arrugado y medio rollo de cinta adhesiva. Viendo que la niña había desperdiciado los valiosos materiales, Paul perdió los estribos nuevamente. Volvió a recurrir a la conducta que había visto cuando niño, y agarró a la pequeña por un brazo y comenzó a sacudirla violentamente. Envió a la niña llorando a su cuarto, literalmente aterrorizada. Paul todavía no puede volver a hablar del incidente sin romper a llorar.

Al siguiente día se intercambiaron los regalos, y la niñita corrió detrás del árbol y recogió la caja dorada. Se la dio a Paul y le dijo: «Papá, esto es para ti.» Él sintió vergüenza de haberla castigado despiadadamente por algo que ella consideraba un regalo. Lentamente comenzó a desenvolver el papel, y levantó la tapa, para encontrar que la caja estaba completamente vacía.

La cólera de Paul volvió a estallar, y dijo: «¿Qué es esto? No hay nada en esta caja. ¿Por qué me diste una caja vacía? Cuando se desenvuelve un regalo, ¡se supone que haya algo adentro!»

La pequeña levantó la vista inocentemente, y le dijo: «No, papito. La caja no está vacía. Está llena de cariño y besos. La abrí y le puse muchos besos adentro, todos para mi papito, y también puse un montón de amor allí. ¡Todo eso es para ti!»

Paul se sintió conmovido. Abrazó a su hijita y le pidió perdón. Luego se arrodilló delante del Señor, arrepentido y suplicándole a Dios que le limpiara del violento temperamento que había aprendido cuando muchacho. Este hombre especial nunca jamás volvió a maltratar a sus hijos o hijas. Conservó por años aquella caja dorada, y cuando se sentía herido o desanimado, la sacaba y extraía un beso imaginario de su hija. Lo colocaba en su mejilla, y decía: «Gracias, Señor.»

Debo contarle un capítulo más reciente en la historia de Paul que también me conmovió hasta las lágrimas. Paul y su padre se habían marchado cada uno por su lado en 1956, y se habían visto muy rara vez en las dos décadas siguientes. Fueron rechazados todos los intentos que Paul hizo para ponerse en contacto con él. Un día Paul recibió una llamada de su padre, que se hallaba en la estación del ferrocarril de su propia ciudad, y preguntaba si Paul podía ir a verlo. Dijo que estaría allí apenas por una hora. Paul y su esposa saltaron al automóvil y salieron hacia la estación, batallando con el embotellamiento del tránsito, tratando de llegar a tiempo. Llegaron faltando tres minutos para que el tren partiera. Paul subió al tren, preguntándose qué iba a decirle al padre. Se habían separado como enemigos mortales la última vez que se vieron. Buscó frenéticamente a su padre, y cuando se encontraron, se detuvieron por un instante, y luego se abrazaron efusivamente. Por primera vez en su vida, aquel anciano de setenta y nueve años le dijo a su hijo que lo quería. El conductor entonces gritó: «¡Vámonos!» y Paul tuvo que descender del tren apresuradamente. Apenas tuvieron tiempo suficiente para acordar encontrarse pronto en una ciudad cercana.

Paul se bajó del tren sin acabar de reponerse de su sorpresa. Su padre jamás le había dado un abrazo en su vida. En realidad, siempre había parecido incapaz de querer a nadie. «Pero, más que eso —le dijo Paul a su esposa—, hay algo diferente en él. Lo vi en sus ojos. No es el mismo hombre. ¡No puedo explicarlo, pero ese hombre es diferente!» Casi no podía esperar a que llegara el día en que pudieran conversar con calma y mitigarse mutuamente las heridas que se habían infligido el uno al otro años atrás.

Desafortunadamente el encuentro nunca llegó a realizarse, porque el anciano sufrió un ataque al corazón y murió el lunes siguiente. Como en el caso de su madre muchos años antes, Paul no pudo escuchar las últimas palabras de su padre. Un pastor local completó los detalles del funeral. El padre había tenido un encuentro personal con Jesucristo, y se había convertido al evangelio en los últimos meses de su vida. Aquel viaje en tren había sido un último intento desesperado por ver a varios de sus hijos y restablecer las relaciones que habían sido rotas muchos años atrás.

Le he contado la historia de Paul en este contexto por dos razones. En primer lugar, porque me tocó profundamente el corazón, y sé que será de inspiración para otros. Languideciendo en la prisión por el delito de asesinato, dándose cuenta de que nunca nadie le había querido o necesitado de él en toda su vida, ese joven llegó a enfrentarse cara a cara con la compasión de Dios. En lugar de ser condenado por sus delitos, recibió perdón incondicional y su expediente quedó limpio. ¡Eso me emociona porque yo también experimenté ese increíble perdón!

Pero la historia de Paul también nos ayudará a comprender el problema del maltrato infantil. Su caso es característico de la mayoría de los ofensores de hoy, los cuales también sufrieron maltrato en su niñez. Nosotros, los padres, derivamos nuestro estilo de criar a los hijos, principalmente de lo que observamos en nuestros propios padres y madres, quienes fueron nuestros modelos. Incluso aun cuando nos disguste lo que ellos nos hicieron, fuimos influidos por las normas que establecieron. «Así es como debe hacerse esto», parecían decirnos. De este modo, al crecer y luego tener nuestros propios hijos, nuestra tendencia en tiempo de frustración y tensión es imitar lo que aprendimos en casa. Más del sesenta por ciento de padres que maltratan a sus hijos fueron maltratados en su niñez; por eso necesitan nuestro amor y comprensión, no nuestra condenación.

Aun cuando comprendamos la causa, no se puede tolerar el maltrato infantil. Su efecto en un joven que está creciendo puede ser devastador. Por eso recomiendo una firmeza amorosa cuando un padre observa que su cónyuge inflige sobre uno de sus hijos o hijas violencia continua. Por supuesto, podría hacer una lista de toda una página de condiciones para tal aseveración. Lo que un padre de actitud permisiva pudiera interpretar como maltrato de un hijo, pudiera ser en realidad buena disciplina de parte de su cónyuge. Lo ideal sería que los padres y las madres que no pueden ponerse de acuerdo en cuanto a las técnicas de disciplina, discutan el asunto con un consejero sabio y neutral, que pudiera mediar en el conflicto.

Pero seamos realistas. Hay cientos de miles de hogares donde uno de los padres sabe a ciencia cierta de la injusticia y de la crueldad de parte del otro. Tal vez el padre reacciona desmesuradamente en respuesta a chiquilladas sin importancia, golpeando a los hijos con cólera y rencor. O tal vez la madre golpea sin misericordia al infante que se retuerce por los cólicos, o castiga excesivamente a otro hijo. ¿Qué puede hacer en tales circunstancias el padre o madre que se preocupa por la situación? Si va a las autoridades, sería una amenaza a favor de la destrucción del hogar, e incurriría en la cólera de su cónyuge. Es más, tal vez se manche la reputación de la familia en la comunidad, y sus amistades se verán menoscabadas. A menudo, el precio es demasiado alto, y el padre o la madre prefieren no correr el riesgo de tener que pagarlo. Por consiguiente, sus hijos pequeños sufren la brutalidad de esta injusticia, sin nadie que les defienda.

Peor aun, en años recientes he sabido que muchas madres permiten por las mismas razones, y a sabiendas, que su esposo abuse sexualmente de sus hijas. He visto numerosas ocasiones en que se esperaba que una hija de corta edad alivie las presiones sexuales de parte del padre sobre la madre, satisfaciendo las pasiones desordenadas de su padre. «¡Difícil de creerlo!», dirá alguien. ¿Difícil? Se estima que entre el veinte y el veinticinco por ciento de las mujeres de los Estados Unidos sufrieron abuso sexual en su niñez, la mayoría de las veces en sus propios hogares. He hablado con muchas de esas mujeres una vez que alcanzaron la edad adulta. Prácticamente todas llevan cicatrices de heridas que nunca cerraron. Sienten una profunda aversión y repulsión, no contra sus padres, sino contra *sí mismas*. «Me siento tan sucia», es un comentario típico. Es como si se hubieran echado encima toda la culpa de la explotación a que estuvieron sujetas.

Madre o padre, si algo de eso está ocurriendo en su propio hogar, usted simplemente tiene la obligación de salir en rescate de su hijo. No puede seguirlo negando, ni siquiera por un día más. Nada podrá hacer que eso esté bien. Incluso a riesgo de dañar o destruir su matrimonio, usted tiene que proteger a ese niño o a esa niña que está siendo explotada sexualmente o sujeta a la violencia física. Todo niño merece la oportunidad de crecer con un cuerpo y una mente sana. ¡Busque ayuda profesional hoy mismo!

Si toda otra medida fracasa, y el abuso continúa, saque inmediatamente al niño o a la niña de la casa en que ocurre el delito. ¡Esa es la firmeza del amor bajo fuego! Luego deje que el Señor le guíe a buscar la reconciliación y la restauración de su matrimonio.

Por último, si *usted* es quien maltrata física o sexualmente a un pequeño, no espere ni un día más para buscar ayuda profesional. La mayoría de las ciudades tienen organizaciones que brindan ayuda a los padres que tienen este problema. Por supuesto que será doloroso admitir que usted ha lastimado a sus hijos, pero si usted actúa de inmediato, tal vez todavía sea tiempo para que su hijo o hija se recupere y viva una vida normal durante los años críticos del desarrollo. Nunca se arrepentirá de haber encarado este terrible problema antes que sea demasiado tarde. No sea como el padre de Paul Powers, quien esperó hasta los últimos días de su vida en esta tierra para mostrar el amor que tenía hacia sus hijos. El mismo Señor que tocó la vida de aquel anciano quiere también obrar un milagro en la suya.

III. Una esposa en dificultades económicas

P. ¿Qué le diría usted a la mujer que tolera la infidelidad de su esposo porque ella no tiene ningún recurso económico? ¿Qué tal si tiene miedo de confrontarlo debido a que él puede dejarla en la pobreza?

R. No tengo ninguna respuesta sencilla para esa señora. La vida puede colocarnos entre la espada y la pared, y los problemas pueden parecernos casi sin solución. Tal es el aprieto de las madres que están criando a sus hijos con muy poca o ninguna ayuda económica de parte de sus ex esposos. De acuerdo con el Departamento de Salubridad del gobierno norteamericano, esa es la fuente principal de la pobreza en los Estados Unidos. Según el censo de 1980, casi la mitad de las personas pobres son mujeres divorciadas con hijos. Las cifras del mismo censo revelan que la mitad de las madres divorciadas no reciben de sus ex esposos la cantidad que los tribunales ordenaron que les den para el sostenimiento de los hijos. Debo decir que no alcanzo a entender esa actitud indiferente de la ley en ese sentido. Sé bien que el tribunal ordena al hombre que cumpla con su obligación en el sostenimiento de sus hijos, pero muy poco se hace para obligar a que los que se resisten cumplan con lo ordenado. En una sociedad que está regulada hasta el detalle por leyes y ordenanzas que rigen prácticamente toda actividad humana, es lógico esperar que bien podríamos encontrar cómo apretar los tornillos a los padres que se niegan a sostener a sus propios hijos. Incluso en la administración de la justicia, *el amor debe ser firme.*

Millones de hombres divorciados sostienen económicamente a sus hijos, por supuesto, y muchos incluso exceden la cantidad mínima establecida por los tribunales de justicia. Permítame citar una carta que estimula, y que recibí recientemente de una madre que enfrentaba el problema descrito en la pregunta que antecede, pero que triunfó mediante la oración.

Estimado doctor Dobson:

Aprecio mucho sus programas de radio de esta semana, sobre el tema *El amor debe ser firme.*

Estoy atravesando exactamente la situación que usted describió, con un esposo que ha sido infiel después de quince años de lo que yo pensaba que era un buen matrimonio. Sí, he sentido todas las emociones que usted mencionó, y encima de eso una que pienso que enfrentan muchas otras mujeres. Mi problema fue la falta de seguridad económica.

Verá usted, yo nunca trabajé fuera de casa, y tenía terror al pensar en cómo me las arreglaría para pagar las cuentas.

Cuesta demasiado vestir a los hijos y cubrir las otras necesidades de hoy. Mi esposo trabaja para una empresa distribuidora de automóviles, y vivíamos holgadamente, pero nunca pudimos ahorrar ni un centavo.

Mi esposo me fue infiel, y yo me sentía miserable, pero debido a este terror, nunca le dije nada. Finalmente le confesé mi miedo al Señor Jesucristo, y le dije que iba a depender de Él para mi economía y mi seguridad. ¡Él lo resolvió en una forma hermosa!

Le dije a mi esposo que tenía que enmendarse o marcharse de casa. Pues bien, se fue, pero decidió continuar con los mismos arreglos económicos de antes. Por supuesto que duele, pero no como antes cuando yo sabía que él andaba en brazos de otra jugando con mis sentimientos.

Desde que le encaré con su traición, evidentemente le quité la diversión que encontraba en su relación con la otra mujer. Sinceramente creo que él disfrutaba del hecho de jugar en secreto. Ahora me trata mejor que nunca.

La Biblia dice que cuando le obedecemos, Dios hará que hasta nuestros enemigos estén en paz con nosotros. Eso fue cierto en mi caso.

Su consejo es correcto. La único que pudiera añadir es que la persona debe pedirle a Dios que le dé la valentía y la fuerza para ponerlo en práctica. Yo tuve que soportar la infidelidad por nueve años, debido a que no tuve tal valor.

Dios le bendiga,

Manuela

Gracias, Manuela. Su consejo es correcto también.

IV. El esposo de una «mujer nueva»

Puesto que el llamado movimiento feminista ha sido una fuerza importante en el pensamiento occidental por casi dos décadas, ya es posible evaluar sus efectos en el concepto que las mujeres tienen de sí mismas, y en sus matrimonios. A pesar de las muchas inquietudes que he expresado al respecto en el pasado, el cuadro tiene sus elementos positivos. No me cabe ninguna duda que el movimiento ha traído mayor respeto y dignidad a las mujeres, especialmente en el mundo de los negocios. Antes de 1965, no era raro que una trabajadora atractiva fuera tratada como si fuera un pedazo de carne, un juguete para que los hombres lo usaran a su capricho. Expresiones de contenido sexual acerca de ella y a oídos de ella era casi de esperarse como prueba de virilidad. Esa falta de respeto, y otras formas del mismo, todavía ocurre en la vida cotidiana, pero es menos común actualmente, y las mujeres saben que tienen el derecho de que se les trate mejor. En esta y otras maneras similares, un elevado concepto propio en las mujeres ha sido un fenómeno saludable que ha tenido lugar en nuestra cultura.

Pero ha habido también víctimas, especialmente cuando las personas que anteriormente eran tradicionalistas adoptan, sin pensarlo, la filosofía del feminismo radical. Me refiero a la inversión de papeles, y al cambio de estilo de vida que a menudo ocurre cuando una mujer amorosa y madre amante de repente se transforma en una «mujer nueva». Tal vez usted lo haya visto ocurrir, probablemente en su círculo de amistades. Un día cierta mujer está criando una familia, manteniendo un hogar, haciendo lo mejor que puede para vivir con el presupuesto de que dispone, respaldando a su esposo en su carrera, ayudando en la iglesia y en la organización de padres de familia de la escuela, o en los hospitales, y tratando de servir a Dios lo mejor que puede. Luego, de la noche a la mañana, o al menos así parece, ella da una vuelta de noventa grados, y se transforma en una persona enteramente diferente.

Su nueva actitud bien podría describirse como profundamente colérica. Está cansada de que la maltraten, y que no la aprecien y se le trate con total falta de respeto. De ahora en adelante, y mejor créalo por su propio bien, no va a dejarse empujar por nadie. Su nuevo sistema de valores ha sido programado por las organizaciones y publicaciones feministas, casi como si un programa de computadora hubiera sido grabado en su cerebro. Desde ese día en adelante, su preocupación principal es *ella misma*. A los hijos les irá bien, piensa ella, con menos interferencia de su madre. Su propia carrera se convierte en su pasión consumidora, y si su trabajo se ve en conflicto con el de su esposo, será él quien tendrá que ver cómo se las arregla. Ella se eriza cuando sus nuevas ideas son cuestionadas o contradichas. Estas mismas palabras que estoy escribiendo, en realidad, la pondrán furiosa. Su actitud hacia Dios es más que probable que también será revisada. Si Él no es un antifeminista, entonces en opinión de ella, la mayoría de su pueblo sí lo es. Es muy posible que arroje por la borda todo lo que creía antes de su nuevo nacimiento como una «mujer nueva».

El capítulo más triste de la vida de esa mujer nueva ocurre cuando sale corriendo; corriendo de sus hijos, corriendo para establecer su nueva identidad, corriendo a los brazos de otro hombre. Recuerdo a una muchacha a quien había observado con interés durante su niñez y adolescencia. La vi como reina de su escuela secundaria, como estudiante universitaria, como novia, y luego como madre. Pero los niños llegaron demasiado aprisa para ella. No pudo soportar la tensión de criar niños, cambiar pañales y limpiar narices. Nunca olvidaré la mirada que había en sus ojos cuando me dijo: «¡Me están volviendo loca!» Pero no estimé lo suficiente su frustración, hasta el día en que desapareció. Dejó detrás tres preciosos niños y un esposo asombrado y herido. Su conducta cambió por completo, su fe se evaporó, sus normas morales se desmenuzaron y su amor anterior se extinguió. Cinco personas en esa familia jamás volverán a ser las mismas.

¿Qué debiera hacer el esposo de una «mujer nueva»? ¿Cómo puede enfrentar la ira y rebelión espiritual de ella? Además, a riesgo de ser tildado de ofrecer respuestas simplistas a preguntas extremadamente complejas, permítame señalar algunos enfoques que han tenido éxito en otros casos:

1. En primer lugar, esa mujer hostil puede tener (y la mayoría de las veces las tiene) algunas quejas legítimas que deben ser atendidas. La parte del amor en nuestra prescripción (el amor debe ser firme) dicta que se debe dar plena atención a estas irritaciones. Sin duda alguna habrá lugar para el

compromiso, la compasión y la preocupación. Es hasta posible que si un hombre está dispuesto a escuchar a su esposa, quizá logre prevenir que ocurra la transformación de ella en una «mujer nueva».

2. Una vez que comienza a rugir la tormenta, se asemeja al conflicto de la adolescencia. Por esto quiero decir que la gran cólera de aquellos años no continuará en el mismo nivel de intensidad para siempre, sino que se disipará con el tiempo. Hasta que llegue ese tiempo, el propósito de la parte más responsable es sobrepasar la crisis sin matar la relación ni destrozar a las familias.

3. La «mujer nueva» particularmente hostil necesita espacio durante su descontento, y hay que dárselo. Si ella quiere separarse de su familia, hay que dejar que se vaya. Si ella no llama, hay que dejarla sola en su soledad. Ella debe sentir que es libre, en el espíritu que ya he descrito. Hay que abrir la puerta de la jaula doméstica, pero dejarla que vuele con sus propias fuerzas. Como esposo responsable y fiel en este contexto, yo no dejaría voluntariamente a la familia sólo para acomodar las ideas y deseos de ella. Si ella obtiene una orden judicial para obligarme a que sea yo quien se marcha, entonces la responsabilidad recae sobre sus hombros.

4. En algún punto, especialmente si tiene lugar la infidelidad marital, será apropiado aplicar los principios del amor firme que ya se han descrito. Se requiere mucha sabiduría y mucho tacto para saber cuándo y cómo decirle: «Ya es suficiente; tienes que tomar una decisión. Yo aceptaré cualquier cosa que decidas.»

5. Orar constantemente y buscar la mejor consejería posible.

V. La esposa de un homosexual

Estimado doctor Dobson:

Me acosa un problema con mil cosas que me preocupan. Me tiene muy asustada. Mi esposo y yo hemos estado casados por doce años, y los pasados ocho he sabido que él es un homosexual activo. Tenemos sólo una hijita, pero ella es como quien dice un milagro. Muy rara vez tenemos relaciones sexuales. Él no tiene ningún interés en mí, según dice.

Guillermo me dijo que él se dio cuenta de que era homosexual desde que tenía diecinueve años. Ahora tiene treinta y ocho. Creció en un hogar alcohólico, y creo que su niñez fue muy dura. No supe nada de su problema antes de casarnos, porque de haberlo sabido nunca me hubiera casado con él. Ahora es algo terrible vivir con él. Nunca sé cuando anda por ahí con algún tipo. Él trabaja como bailarín en un club nocturno de la ciudad, y sale de su trabajo a las dos de la mañana; pero no llega a casa sino cuando ya ha amanecido. Cuando le pregunto a dónde fue después de su trabajo, se inventa cualquier cuento.

No soy una esposa fastidiosa, pero ya he llegado al límite. Por lo general, descubro más tarde que Guillermo me ha mentido, y que se ha ido otra vez con otro hombre. Me parece que eso es todo lo que le importa. Un consejero me dijo que los homosexuales son personas muy egocéntricas, que piensan únicamente en sí mismos. Incluso en sus actividades sexuales, su principal propósito es su propia satisfacción y placer. Puedo notar eso en nuestros momentos íntimos también.

Le diré lo que realmente me asusta ahora. Estoy llegando al punto en que él ya no me preocupa casi nada. Incluso cuando me entero de que se ha ido a la cama con otro hombre ya no siento nada. Ha sucedido con tanta frecuencia que es algo de esperarse. Lo que realmente quiero ahora es el divorcio, y quiero saber si tengo el derecho de pedirlo con base bíblica. He oído tantas respuestas a esa pregunta, de parte de creyentes con quienes he hablado, pero al ver las películas suyas, pensé que usted parece ser la persona que entiende las diferentes situaciones y cómo enfrentarlas y resolverlas.

No sé qué camino tomar. Quiero tener la clase de familia que Dios describe en la Biblia. No pienso que mi esposo tenga el derecho de seguir con su vida homosexual y continuar casado conmigo. ¿Lo tiene? Gracias por ayudarme,

Virginia

Mi corazón se compadece profundamente por usted, Virginia. Si hay algo más doloroso que enterarse de que el cónyuge está enredado en un amorío con otra persona es enterarse de que lo está en una vida homosexual. No la culpo por sentirse traicionada por el hombre que prometió «amarla y protegerla» por toda la vida.

En cuanto a si tiene base bíblica para divorciarse, yo pienso que sí la tiene. Tenga presente que no soy teólogo, y hay grandes diferencias de opinión en cuanto a la interpretación de las Escrituras. Usted ya ha oído las opiniones conflictivas de parte de los consejeros cristianos. Pero *no* veo diferencia alguna entre la infidelidad heterosexual y la variedad homosexual. Ambas son condenadas por la Biblia, y deben considerarse moralmente en la misma clasificación. Es difícil dejar de ver el propósito e intención de los escritores inspirados, quienes dijeron que llegará el tiempo en que los hombres «se encenderán en lascivia» unos con otros. La homosexualidad siempre es incluida entre los pecados más abyectos, según se puede ver en las siguientes porciones bíblicas.

¿No sabéis que los injustos no heredarán el reino de Dios? No erréis; ni los fornicarios, ni los idólatras, ni los adúlteros, ni los afeminados, ni los que se echan con varones, ni los ladrones, ni los avaros, ni los borrachos, ni los maldicientes, ni los estafadores, heredarán el reino de Dios.

1 Corintios 6: 9,10

Por eso Dios los entregó a pasiones vergonzosas; pues aun sus mujeres cambiaron el uso natural por el que es contra naturaleza, y de igual modo también los hombres, dejando el uso natural de la mujer, se encendieron en su lascivia unos con otros, cometiendo hechos vergonzosos hombres con hombres y recibiendo en sí mismos la retribución debida a su extravío.

Romanos 1: 26, 27

Dios en su sabiduría no hubiera condenado esa perversión si ella representara nada más que otro estilo de vida preferido por algunas personas. (Más discusión sobre este tema aparece en la próxima sección.)

Por otro lado, Virginia, no puedo decir que Dios quiere que usted se divorcie de su esposo. Él ama a Guillermo tanto como la ama a usted y me ama a mí, y Él prefiere mucho más ayudar a su esposo a dejar su pecado. Él también quiere restaurar su matrimonio si usted y Guillermo le permiten que lo haga. Siempre debemos distinguir entre el pecado —cualquier pecado— que el Señor aborrece, y el pecador, a quien Él ama.

Mi consejo, por consiguiente, es que aplique las recomendaciones que se indican en todo este libro. Con mucha oración establezca un punto de crisis con Guillermo, que lo obligue a escoger entre el bien y el mal, entre el amor comprometido y una vida de homosexualidad. Si él desea preservar su relación con usted, entonces necesitará de un consejero competente para resolver su problema. Al contrario de lo que usted pueda haber oído, la homosexualidad *puede* ser tratada con éxito cuando el individuo quiere desesperadamente cambiar. No resulta fácil, pero la mayoría de los homosexuales pueden llegar a cambiar su estilo de vida y a sentirse satisfechos en un mundo exclusivamente heterosexual.

Le pido al Señor que ayude a Guillermo para que sea una de esas personas afortunadas.

PRECAUCIÓN:
Lo que sigue es información delicada

Le pedí a un amigo que leyera el borrador preliminar de este libro, y me dijo que pensaba que mi discusión de la homosexualidad era insuficiente. Me pidió que describiera el estilo de vida del homosexual, como información para los que no la conocen. Renuentemente, acepté hacerlo.

Si a usted se le revuelve fácilmente el estómago, o no quiere saber los hechos más desagradables de la homosexualidad, será mejor que salte el resto de esta sección, y vaya a la siguiente. La descripción que voy a dar perturbará grandemente a la mayoría de mis lectores. Mi propósito no es escandalizarlos, sino hacer desaparecer un mito cuidadosamente elaborado. Repito, no lea lo que sigue si usted no quiere saberlo.

La propaganda homosexual ha tratado de hacernos creer que la homosexualidad es nada más que otro estilo de vida muy similar al de los heterosexuales. Nos muestran a dos jóvenes o muchachas tomados de la mano, y caminando serenamente por el parque, como si su perversión fuera nada más que otra expresión del amor humano. Desafortunadamente, la experiencia homosexual es un asunto diferente. En su contexto más extremo, puede ser increíblemente sórdida y perversa.

Del reciente aluvión de artículos, entrevistas y libros sobre el tema, se desprende que es evidente que la homosexualidad se ha convertido en uno de los principales peligros para la salud. En tanto que los heterosexuales típicamente participan de una relación de uno a uno, muchos homosexuales (aunque no todos) prefieren una experiencia de grupo. Sus orgías tienen lugar en ciertos sitios preparados para eso. El éxito de esos negocios se ha visto severamente afectado por el fenómeno del SIDA.

Si usted siguiera a un homosexual que va a uno de tales establecimientos, esto es lo que típicamente observaría: Por aproximadamente una hora y media aquel sujeto tendría contacto oral-anal con entre diez a treinta individuos, ingiriendo cada uno una pequeña cantidad de heces fecales del otro; también tendrá contacto oral-genital con entre cinco o diez más; recibirá ayuntamiento oral de cinco o diez más, y será el objeto de contacto oral genital por otro número igual. Todos ellos tragarán materias fecales el uno del otro, pasándolas del ano a los genitales y de allí a la boca, y de allí al ano. Esto no es exageración de lo que ocurre. De acuerdo con la segunda *Encuesta Kinney* realizada en la ciudad de San Francisco, el ochenta y tres por ciento de los homosexuales informan que practican el sexo oral-anal. El *Informe homosexual*, escrito por y para homosexuales, señala que la incidencia de esto es del ochenta y nueve por ciento. De la misma manera, el veintitrés por ciento admite que se orinan el uno en el otro durante su ayuntamiento sexual. Hay otras actividades y características propias de ese estilo de vida que ni siquiera me atrevería a mencionar en un libro. Eso es la experiencia homosexual en su peor clase. Lo fidedigno de esa descripción fue revisado y verificado por el doctor Donald Tweedie, un psicoterapeuta cristiano que por veinticinco años se ha dedicado a la especialización de tratar pacientes homosexuales. No todos los invertidos sexuales y lesbianas participan de esa conducta, por supuesto; pero según el doctor Donald Tweedie, incluso los que reclaman estar comprometidos con una relación monógama a menudo llevan una vida promiscua. En otras palabras, los ayuntamientos homosexuales con múltiples individuos es común, incluso entre los que rechazan las actividades de orgía que he descrito.

¿Es entonces de asombrarse que tantos homosexuales padezcan de hepatitis y otras enfermedades? Esto parece explicar el reciente descubrimiento de la enfermedad incurable llamada SIDA, que ya hemos mencionado, y que se esparce sin ningún control en toda la población homosexual. De acuerdo con el Centro de Control de Enfermedades de Atlanta, Georgia, el ciento por ciento de los pacientes a quienes se diagnosticó con los síntomas típicos del SIDA en 1980, o antes de ese año, ya han muerto, y el número se duplica cada seis meses. Estos acontecimientos traen consigo ominosas implicaciones para la salubridad de nuestra nación, puesto que se pueden hallar homosexuales en cualquier profesión y ocupación. Empastan nuestros dientes, realizan cirugía en nosotros, nos sirven los alimentos, enseñan a nuestros hijos, y donan la sangre que nos ponen en nuestros hospitales. Cualquier peligro importante de salubridad que afecta al diez por ciento de la población debe ser considerado de significación para la totalidad.

He escogido ofrecer esta descripción gráfica de la homosexualidad no sólo para que la verdad quede clara, sino también para explicar mi propia comprensión de la perspectiva bíblica acerca de ese estilo de vida. Parece ser contrario a la razón pensar que Dios, en su infinita sabiduría, prohibiera las relaciones sexuales premaritales y extramaritales entre un hombre y una mujer, y que guiñara un ojo dando su aprobación a las orgías y perversiones homosexuales. ¡No tiene sentido! A las iglesias que han pintado de blanco la homosexualidad y que la han absuelto de la sanción divina sólo podría decirles que estoy contento de que no seré yo quien tenga que explicar tal posición en el gran día del juicio.

Concluiré esta aseveración repitiendo lo que dije anteriormente tocante al homosexual en sí mismo, en contraposición con su problema:

> Creo que nuestra obligación es despreciar el pecado pero amar al pecador. Muchos hombres y mujeres que han tenido pasiones homosexuales no han buscado tal forma de vida; ocurrió por razones que no pueden recordar o explicar. Algunos fueron víctimas muy temprano en su vida, de encuentros sexuales traumáticos con adultos que los explotaron. Recuerdo un homosexual adolescente cuyo padre borracho lo obligó a dormir con su propia madre después de una salvaje orgía de fin de año. Su disgusto por el sexo heterosexual fue fácil de entender. Tales individuos necesitan aceptación y amor de parte de la comunidad cristiana, en su esfuerzo por reorientar sus impulsos.[1]

VI. El esposo o esposa de un alcohólico

Se informa que el presidente de una pequeña empresa recibió del gobierno un formulario de encuesta, en el cual, entre otras cosas, se le preguntaba: «De los trabajadores que tiene su empresa, ¿cuántos hay enfermos por cuestiones sexuales?» El presidente contestó: «Ninguno, que yo sepa. Nuestro mayor problema aquí es el alcohol.»

Como estamos tratando en rápida sucesión con las crisis maritales más difíciles con que nos enfrentamos hoy, no debemos dejar a un lado el enorme problema del alcohol. Una de cada tres personas en los Estados Unidos es pariente cercano de un alcohólico; y la incidencia parece estar subiendo. No es un problema

---

[1] *Dr. Dobson Answers Your Questions* [Enciclopedia de problemas familiares], Tyndale House Publishers, Wheaton, IL, 1982, p. 452.

del blanco, ni tampoco del negro o de los indios. Es una condición humana, que afecta a todas las razas, nacionalidades, y ambos sexos. Los franceses, que se enorgullecen de su baja tasa de alcoholismo, tienen una incidencia más alta de cirrosis hepática que cualquier otra nación en el mundo. Rusia tiene más de veintidós millones de alcohólicos. Las personas que tienen problemas con el alcohol pueden hallarse entre los protestantes, católicos o judíos. Algunos son parias sociales, que se arrastran en oscuros y malolientes callejones; otros han llegado al pináculo de la popularidad y del poder. Todos los días nos codeamos con personas cuya vida está dominada por las bebidas alcohólicas.

La dimensión más triste del alcoholismo es su efecto sobre miembros inocentes de la familia, especialmente los hijos, demasiado pequeños para entender lo que les está ocurriendo a los padres. El Instituto Nacional del Alcohol y del Abuso del Alcohol estima que la mitad de los bebedores habituales de la nación son mujeres, muchas de ellas «alcohólicas en secreto», que con éxito pueden esconder su vicio tras las puertas cerradas de su hogar. Pero no pueden esconderlo de sus hijos. Me estremezco al pensar en cuántos niños de dos o tres años deambularán, este mismo día, de cuarto en cuarto en sus casas, preguntándose por qué mamá «está durmiendo» por tanto tiempo en el piso. ¿Cuántos niños, como Paul Powers, serán castigados brutal e injustamente, o se irán a dormir sin comer, o serán maltratados de alguna otra manera por un padre o una madre con tal embriaguez que no se dé cuenta de lo que hace? Es difícil sobrestimar hasta dónde el alcoholismo afecta la estabilidad de la familia de hoy.

En vista de la vastedad de ese problema, me parece que debe recibir aquí atención más detenida que sólo al paso. Para esto, invité a mi oficina a cuatro autoridades en la materia, para que nos den una opinión actualizada sobre el alcoholismo y los métodos corrientes de tratamiento. En el grupo estaba incluido el doctor Keith Simpson, anterior presidente del Consejo Nacional sobre el Alcoholismo, y el señor Jerry Butler, un terapeuta matrimonial y familiar, con veinticinco años de experiencia. El propio padre de Jerry se suicidó durante una de sus borracheras.

También estaban presentes «Roberto», un alcohólico recupera-
do, y su esposa «Paulina», quienes prefieren que no se revele sus
nombres verdaderos.

No pedí a esas personas que hicieran un análisis detallado
del problema; nosotros ya sabíamos la seriedad del mismo. En lugar de eso, quería que nos proveyeran de sugerencias prácticas
sobre cómo pueden los miembros de la familia reconocer este vicio, y cómo pueden servir de ayuda. Las respuestas que nos dieron son muy estimulantes e iluminadoras.

Se le preguntó al doctor Simpson si el alcoholismo puede ser
tratado con éxito actualmente. ¿Es una condición sin esperanza
alguna, o hay alguna manera de que la víctima y su familia se li-
bren del problema? Dejaré que el médico hable por sí mismo.

Por muchos años me especialicé en el campo de la medicina
interna, pero hallé que era un trabajo deprimente. Podía ayudar a mis pacientes que padecían de enfermedades crónicas
de los pulmones, o de diabetes severa, o de enfermedades del
corazón, pero en realidad, todo lo que mis esfuerzos conse-
guían era sólo retrasar un poco la acción. Con el correr del
tiempo, las condiciones empeoraban, y las enfermedades pro-
gresaban. Hacía mis visitas en la sala de cuidado intensivo todos los días, y contemplaba a las personas perdiendo su batalla por la vida, en tanto que mis pacientes alcohólicos iban
mejorando. Por eso ahora me dedico casi exclusivamente a tratar alcohólicos, y hallo que es un trabajo que me produce mucha satisfacción. Veo personas que vienen a mí con problemas
más horribles de lo que uno puede imaginar, pero comienzan
un programa de recuperación y, a los pocos meses, la diferencia es como de la noche al día. De modo que la respuesta es sí,
el alcoholismo no sólo es tratable, sino que la comunidad mé-
dica tiene mayor éxito al tratar con este desorden que con
cualquier otra enfermedad crónica. Los alcohólicos emergen
de los programas de tratamiento más funcionalmente integra-
dos, más capaces y más eficientes que antes que «pescaran» la
enfermedad.

Ese fue el tema de toda la conversación: ¡Hay esperanza

para el alcohólico! Pero antes que tenga lugar el tratamiento, el problema tiene que ser identificado y reconocido. Con tal propósito, pedí al doctor Simpson que describiera las características más tempranas para que los miembros de la familia pudiera reconocer los síntomas. La siguiente es su respuesta:

La primera bandera roja es una «tolerancia» al alcohol. La persona descubre que tiene que beber más para conseguir los mismos resultados. Dice que esto es «saber como beber», lo que se considera una cualidad especial en nuestro mundo actual. En realidad es una señal de peligro que indica que ya ha tenido lugar un ajuste químico.

En segundo lugar, la persona llega al punto en que ya no quiere hablar de su hábito de la bebida. Sabe que está consumiendo más alcohol que otras personas, y desea evitar toda referencia al asunto. Esto da lugar a que comience un proceso de negación, que bien puede acompañarlo por muchos años por delante.

En tercer lugar, la persona comienza a sufrir pérdidas del sentido o de la memoria. Con esto quiero decir que le suceden breves períodos de amnesia, que se van prolongando con el paso del tiempo. Lo que ocurre es que las células de memoria del cerebro no están recordando lo que se dijo o hizo. Aun más, es un fenómeno de dosis baja: Ocurre después de uno o dos tragos. No me refiero al proceso de quedarse profundamente dormido como resultado del efecto anestésico de grandes cantidades de alcohol. Más bien, la persona trata de pensar en lo que ocurrió la noche anterior, y dice: «¡Vaya! No tengo la menor idea de lo que ocurrió después que me bebí la segunda copa.» Es una experiencia que asusta.

En cuarto lugar, la persona comienza a notar que no puede predecir consistentemente cuánto va a beber una vez que comienza. Para mí, esa es la característica clave del alcoholismo, y constituye una definición de la afección. Ocurre cuando un individuo constantemente bebe más de lo que quería beber, debido a que no puede evitarlo. Se sienta a beberse una cerveza, y se despierta a la tarde del día siguiente. Tal vez algunas personas encuentren esto difícil de creer, pero los alcohólicos no se proponen emborracharse. Simplemente tienen la intención de beberse uno o dos tragos. Por eso pueden hasta jurar que nunca más se volverán a emborrachar, y decirlo sinceramente. No tienen ninguna intención de quebrantar su promesa. Sin embargo, se ponen a beber una copa con un amigo, y ya está: es la mañana siguiente.

En este punto de la conversación, oímos la intervención de Paulina, quien concuerda con el doctor Simpson.

No puedo recordar cuántas veces Roberto me prometió que nunca más volvería a tomar. Esa debe ser la parte más frustrante de toda la experiencia, que Roberto me mire directamente a los ojos y me diga que se acabó, que nunca más volverá a embriagarse. Él decía: «Ya veo cómo esto te hace sufrir, lo mismo que a los hijos, y ya es suficiente. ¡Te prometo que nunca más lo volveré a hacer!» Luego uno o dos días más tarde estaba totalmente borracho. Pensé que me había mentido. ¿Cómo podía quererme y mentirme tantas veces en mi misma cara? Pero no estaba mintiendo. No podía cumplir su promesa. Roberto pensaba que podía librarse del problema con su fuerza de voluntad, pero no se puede conquistar un problema fisiológico con la fuerza de voluntad. Es como tratar de detener la diarrea con sólo proponérselo.

Le pedimos a Roberto que nos dijera lo que sentía durante esos fracasos repetidos. Él dijo que estaba confuso por su incapacidad de librarse del hábito.

Pensé que el problema pudiera ser el vodka, de modo que cambié al whisky y después al ron. Luego traté con la meditación. Nada sirvió. Traté como una docena de maneras, procurando controlar mi hábito de beber, pero siempre volvía a embriagarme. Luego traté de esconderlo. Llevaba conmigo siempre pastillas para refrescar el aliento. Bebí por seis meses sin que Paulina lo supiera. Todos los sábados por la mañana ella lavaba su pelo, y se sentaba como por media hora debajo de la ruidosa secadora de pelo. Casi no podía esperar a que se metiera debajo de la secadora porque tenía una botella de vodka escondida en un anaquel. Corría a sacar un refresco del refrigerador, vaciaba la mitad en el fregadero y llenaba la botella de licor. Luego me sentaba frente al televisor, bebiendo con un halo de inocencia sobre mi cabeza. Hay que ser realmente astuto para poder esconder el problema de la bebida, especialmente de aquellos con quienes se vive. Esto tuvo lugar por varios meses. Como ven, yo estaba enviciado y ni siquiera lo sabía.

Estoy seguro de que ese patrón suena familiar para muchos que viven con una persona alcohólica. La pregunta crítica es: ¿Cómo pueden ayudarla? Empecemos describiendo los enfoques perjudiciales que hay que evitar, y luego consideraremos las recomendaciones de nuestro panel de expertos.

1. No hostigue a la víctima, no se queje, ni le grite, ni le suplique o ruegue, ni la avergüence ni regañe. Él padece de una *enfermedad* que no puede controlar. No está dentro de su poder sobreponerse a ella por sí solo.

2. No trate de hacer que la vida del alcohólico siga como si no pasara nada, mintiéndole al jefe, ocultando su irresponsabilidad, sacándolo de la cárcel y pagando sus cuentas. La persona que lo rescata en estas maneras es un *promotor,* y en realidad puede prolongar y empeorar el problema.

3. Aun cuando las opiniones difieren, la mayoría de los expertos no miran el alcoholismo como una debilidad de carácter o problema moral. Fue un problema moral durante los primeros días, cuando la persona *eligió* beber con exceso. Pero después ya no desea hacer daño a su familia, ni andar ebrio, ni malgastar su dinero. El alcohólico ha perdido desde hace tiempo su capacidad para cualquier acción voluntaria.

4. No perpetúe el problema del alcohólico por razones puramente egoístas. No es raro que los miembros de la familia se nieguen a que él reciba cualquier tratamiento por motivos que bien pueden ser inconscientes. Por ejemplo, una mujer cuyo esposo por lo general está ebrio tiene el poder sobre la familia. Es la jefa indiscutible: ella controla el dinero y toma todas las decisiones en la familia. Cuando su esposo

alcohólico comienza a recuperarse, ella puede darse cuenta de que va a perder aquel poder, y actúa para sabotear la rehabilitación de él. Hay que precaverse contra esas fuerzas sutiles que pueden minar la recuperación de las personas en su hogar.

Ahora llegamos a la parte más importante de nuestra discusión. ¿Qué pueden hacer los miembros de la familia para ayudarse a sí mismos y a sus seres queridos que se hallan en las garras del licor? En primer lugar, es prácticamente imposible resolver este problema sin ayuda externa. En un sentido muy real, la familia entera está afectada por la enfermedad del alcohólico. Todos los miembros de la familia sufren de ira, depresión, desilusión, desesperación, temores económicos, negación, pobre concepto de sí mismo y muchas otras emociones que acompañan esa enfermedad. Se sienten heridos en su espíritu, y necesitan la preocupación cariñosa de quienes han estado en semejante situación. Como Jerry Butler dijo: «Si el alcohólico logra recuperarse, con toda seguridad recaerá a menos que su familia también haya recibido el tratamiento adecuado.»

Pero, ¿dónde se puede hallar ayuda externa? Nuestro panel fue unánime en su recomendación de *Alanon*, un programa de apoyo para familias de alcohólicos. Paulina dio crédito a tal programa por salvar a su familia y tal vez su propia vida. Ella dijo: «Después de negarme por un año a asistir, finalmente fui a Alanon en desesperación, y por fin pude comenzar a encontrar las respuestas que necesitaba. Nunca olvidaré la primera noche. Ni me mostraron lástima ni me aconsejaron. Sencillamente compartieron sus propias experiencias, su fortaleza y su esperanza. Me aferré a eso con todas mis fuerzas, y en pocas semanas las cosas comenzaron a cambiar para mí. *Alanon* me dirigió hacia Dios, y me ayudó a retirar mi mirada de mí misma y fijarla en Él. Entonces me enseñaron cómo tratar con Roberto.»

Le pregunté a Roberto qué cambios comenzó a notar en su hogar, y fue enfático en su respuesta:

Si usted quiere realmente arruinar la alegría de beber en un

alcohólico, simplemente consiga que el cónyuge se involucre
en *Alanon*. Paulina cambió su manera de portarse en tres manera que me dejaron loco: (1) Mientras que anteriormente
ella vaciaba toda mi cerveza y licor por el desagüe del fregadero, ahora dejó de hacerlo; lo mismo que cualquier otro intento
de impedirme que bebiera. Comencé a preguntarme si segui-
ría queriéndome. (2) Los lunes le pedía que llamara a la oficina y dijera que tenía gripe. Siempre lo había hecho. Pero después de comenzar a asistir a los *Alanon*, se limitaba a sonreír y
decía: «No, tienes que hacerlo tú mismo.» (3) Parecía estar
más en calma, más en control. Antes, yo llegaba a casa después de haber bebido con los amigos, y buscaba un pretexto
para salir de nuevo. Todo lo que tenía que hacer era comenzar
una pelea con Paulina, y luego decir: «Está bien, si así es como
quieres actuar, me voy.» Ahora, ella se ha metido en este asunto de *Alanon* y en lugar de tratar de retenerme en casa, sonríe
y dice: «Hasta luego. Yo me voy a una reunión.»

Conseguir ayuda para la familia es sólo el primer paso en la
recuperación, por supuesto. El segundo es todavía más difícil.
¿Cómo pueden los esposos o esposas de bebedores consuetudi-
narios conseguir llevarlos a *Alanon*, o a algún programa similar
de tratamiento? La persona se obstina en negar su problema, y
sus procesos de razonamiento están nublados por el licor. Sencillamente no se puede esperar que tome una decisión racional, ni
siquiera para salvar su vida. Suplicarle su cooperación igualmente no conduce a nada. ¿Estamos atascados, por consiguiente?
¿Hemos llegado a la antigua e insalvable barrera que se ha inter-
puesto por siglos, la falta de disposición de parte del alcohólico
para buscar ayuda? No, según nuestro panel.

Jerry Butler explicó con toda claridad que hay una manera
de vencer la resistencia del bebedor. En realidad, si usted espera
hasta que él admita que necesita ayuda, se moriría antes de llegar a hacerlo. Miles mueren todos los años negando que tengan
ningún problema. Por eso *Alanon* enseña a los miembros de la familia cómo confrontar en amor. Aprenden cómo eliminar los sis-
temas de apoyo que sostienen la enfermedad y le permiten

desarrollarse. Se les muestra cómo y cuándo imponer ultimátums que obligarán al alcohólico a admitir que necesita ayuda. Y
algunas veces recomiendan una separación hasta que las víctimas se sientan suficientemente miserables como para dejar de
negar su necesidad de ayuda. En esencia, *Alanon* enseña su propia versión de la filosofia de que *el amor debe ser firme* para los familiares que tendrán que ponerla en práctica.

Le pregunté a Roberto si se le obligó a asistir a *Alcohólicos
Anónimos,* el programa que le puso en camino a la rehabilitación. Él respondió:

> Déjeme decirlo de esta manera. Nadie acude a *Alcohólicos
> Anónimos* simplemente porque no tiene nada mejor que ha-
> cer cierta noche. Todo el mundo allí ha sido obligado inicial-
> mente a asistir. Nadie dice: «El lunes veremos un partido en la
> televisión, el martes nos vamos al cine. ¿Qué hacemos el miér-
> coles? ¿Qué tal si vamos a la reunión de los *Alcohólicos Anóni-
> mos?*» Así no funciona. Sí, me obligaron; me obligaron median-
> te mi propia miseria. Paulina dejó que me metiera en mi
> propia miseria, para mi propio bien. Fue una presión amorosa
> lo que me impulsó a asistir.

Aun cuando a primera vista pudiera parecer algo sencillo, la
confrontación de amor que hizo recapacitar a Roberto fue una
delicada maniobra. Debo recalcar de nuevo que las familias no
deben intentar poner esto en práctica bajo su propia iniciativa.
Sin la instrucción y la ayuda de grupos de respaldo profesionales,
aquel encuentro bien puede convertirse en una batalla de odio,
vengativa y de insultos, que sólo serviría para solidificar la posición del bebedor. Mi propósito, por consiguiente, ha sido exponer la filosofia del amor firme según se aplica al alcoholismo.

Los grupos familiares *Alanon* y *Alcohólicos Anónimos* cons-
tan en los directorios telefónicos locales de los Estados Unidos y
de otros países. También allí se puede hallar el número del teléfono del *Concilio sobre el Alcoholismo,* que también proporciona dirección adicional. Por último, hay programas regionales o locales
para el alcoholismo, provistos por hospitales, agencias guberna-
mentales y organizaciones privadas. Ellas pueden ayudarle. La

mayoría de ellas no atacarán su fe cristiana, y, en realidad, pueden hasta fortalecer su dependencia de Dios.

Si usted o un miembro de su familia está batallando con el alcoholismo, no tiene por qué luchar solo. Pida ayuda ahora mismo.

VII. La hija de un alcohólico

Estimado doctor Dobson:

Me llamo Carolina, y tengo catorce años. Realmente me gustan sus programas. Me pareció algo triste cuando usted se refirió a su padre. Papá y yo no nos llevamos muy bien. Él era policía, pero ya no lo es. Perdió su trabajo porque es un alcohólico. Ya ha ido donde varios médicos, pero está demasiado enviciado y ya nada puede ayudarlo.

Papá siempre se emborracha y descarga sus problemas con el resto de la familia. Siempre anda en las cantinas, o en alguna parte. Vivir con un alcohólico es un infierno. Una noche yo estaba conversando por teléfono con una vecina, y papá lo oyó. Había llegado a casa ebrio como de costumbre. Llegó a mi puerta, la abrió violentamente, y me gritó: «Si no dejas ese teléfono, te mato.» Sabía que lo decía en serio.

Colgué el teléfono y me escurrí por la puerta de atrás. Me fui a la casa de una amiga, y pasé la noche. Luego regresé a casa, y me metí por una ventana a las seis de la mañana, para que nadie notara que yo había dormido afuera. Estaba realmente asustada.

Detesto vivir con un alcohólico. Me enfurezco contra papá. He tenido que soportar su embriaguez desde que nací. Siempre hay problemas en casa. ¡Por favor, ayúdeme!

Carolina

Entiendo su dolor, Carolina, y tengo un buen consejo que le ayudará. En primer lugar, su padre no está demasiado enviciado como para que nada pueda ayudarlo. Todavía puede rehabilitarse. No hay alcohólicos sin esperanza. Estoy seguro de que su padre aborrece, incluso más que usted misma, lo que ha llegado a ser; pero no sabe cómo librarse del mal que lo aqueja.

Aunque usted no lo crea, puede ayudarlo. Hay una organización llamada *Alateen*, la cual es para jóvenes cuyos padres padecen de alcoholismo. Usted puede asistir a sus reuniones sin necesidad de obtener permiso de sus padres, o de que ellos lo sepan. Es absolutamente gratis. Allí encontrará amigos que también tienen el mismo problema que usted enfrenta. Además, encontrará adultos que le enseñarán cómo tratar con el problema. Espero que usted decida ponerse en contacto con *Alateen*.

Dios la ama, Carolina. Confío en que Él le ayudará a atravesar este difícil período de su vida, y luego usted podrá notar cuán maravillosa puede ser una familia donde no hay bebidas alcohólicas. Hasta entonces, no pierda la fe. Gracias por escribirme.

14

Mujeres iracundas y hombres pasivos

Hay otro modelo típico de la desarmonía matrimonial que ocurre tan comúnmente en la actualidad que sentí que debía dedicar un capítulo entero a su causa y su efecto. Muchos de ustedes se encontrarán descritos en las páginas que siguen. Otros reconocerán a sus padres, amigos, y quizás alguna pareja divorciada que vivía en la casa de al lado.

El problema tiene sus orígenes en la niñez, mucho antes que un joven y una señorita acudan ante el altar para casarse. Por parte de la muchacha, la cultura le enseña sutilmente que el matrimonio es una experiencia romántica que dura toda la vida; que los esposos cariñosos son responsables por completo de la felicidad de sus esposas; que una buena relación entre un hombre y una mujer debe ser suficiente para satisfacer todas las necesidades y deseos; y que cualquier tristeza o depresión que una mujer pudiera encontrar es totalmente la culpa del esposo. Por lo menos, él tiene el poder de erradicarla si se preocupa lo suficiente. En otras palabras, muchas mujeres llegan al matrimonio con expectativas nada realistas, las cuales muy pronto se esfumarán. Esa orientación no sólo coloca a la flamante esposa en el camino seguro de la desilusión y agitación en el futuro, sino que también pone una enorme presión sobre el esposo para que cumpla lo imposible.

Desafortunadamente, al hombre de la casa también se le

enseñaron varios conceptos errados en sus años formativos. Aprendió, tal vez de su padre, que su única responsabilidad es satisfacer las necesidades materiales de su familia. Debe entrar en un negocio o profesión y lograr el éxito a cualquier costo, subiendo por la escalera del éxito y logrando un nivel de vida siempre más alto como prueba de su hombría. Nunca se le ocurre que se supone que debe «cargar» emocionalmente a su esposa. ¡Vamos, por lo que más quiera! Si él paga los gastos y es un esposo fiel, ¿qué más puede pedir una mujer? Simplemente no entiende lo que ella quiere.

Estas suposiciones diferentes inevitablemente chocarán de frente en los primeros años del matrimonio. Juanito anda por ahí compitiendo como un loco en el mundo del trabajo, pensando que sus éxitos son automáticamente apreciados por la señora de la casa. Para su sorpresa, ella no sólo ni siquiera lo nota, sino que inclusive parece resentirse contra el trabajo que lo separa de ella. «Lo estoy haciendo por ti, querida», le dice él. Diana no se convence.

Lo que se desarrolla gradualmente a partir de aquel malentendido, es una ira profunda, permanente, en Diana, y un disgusto pasmoso en Juan. Este patrón ha sido el responsable de millones de divorcios. Ella está convencida de que su pobre concepto de sí misma y su infelicidad son el resultado de los fracasos románticos de su esposo. Con cada año que pasa, ella se torna más resentida y hostil contra él, por dar tan poco de sí mismo a su familia. Ella lo ataca amargamente por lo que considera insultos deliberados de parte de él, y lo hostiga porque él se niega a cambiar.

Juan, por su parte, no tiene en sí mismo cómo satisfacer las necesidades de ella. Él no vio nada parecido modelado en su padre, y su temperamento masculino y competitivo no es dado al romanticismo. Además, su trabajo exige hasta la última onza de energía de su cuerpo. Así, llegan a una dificultad insuperable. Parece que no hay manera de salir del problema.

En los primeros años Juan trata de transigir con Diana ocasionalmente. En otras ocasiones se enfurece y entablan una batalla verbal. A la mañana siguiente, él se siente muy mal por esas peleas. Gradualmente va cambiando su personalidad. Detesta el conflicto con su esposa, y la evita como medio de evadir las peleas. Lo que él más necesita de su hogar *(como la mayoría de los hombres)* es tranquilidad. Así, busca maneras de escaparse. Lee el periódico, ve televisión, trabaja en su taller, se va a pescar, corta la hierba, juega golf, trabaja en su oficina, se va a un partido de deportes; cualquier cosa con tal de estar lejos de su hostil esposa. ¿La pacifica eso? ¡Jamás! Enfurece más cuando se pasa por alto la ira que uno tiene.

Y así está ella, clamando a gritos por atención y ventilando su hostilidad por los fracasos de su esposo. Y ¿qué es lo que hace él con todo eso? Se esconde. Se vuelve más silencioso. Huye. El ciclo se ha convertido en un círculo vicioso. Cuanto más furiosa se pone ella por la falta de participación de él, tanto más distancia pone él de por medio. Esto inflama a su esposa con hostilidad aun mayor. Ella ha dicho todo lo que había que decir, y eso no produjo ningún resultado. Ahora se siente impotente y que no se le respeta. Todas las mañanas él sale para su trabajo, donde se codea con sus amigos, pero ella queda presa de su estado de privación emocional.

Cuando una relación se ha deteriorado a este punto, la esposa a menudo recurre a tácticas muy desafortunadas. Comienza a buscar maneras de lastimar a su esposo, para desquitarse. Lo hace avergonzarse diciendo a sus compañeros de trabajo lo canalla que se porta en casa. Se niega a asistir a las reuniones de la oficina, o a dar cualquier otro respaldo a su trabajo. Cuenta chismes acerca de él a sus amigos en la iglesia. Lo apaga sexualmente, y mina su relación con sus hijos. A decir verdad, ella puede ser un formidable oponente en el arte de las peleas internas. Nadie en la faz de la tierra puede lastimar más profundamente a Juan que su propia esposa.

Permítame aclarar que no estoy condenando a esta mujer por semejante actuación. Ella tiene un buen caso contra su esposo. Él no ha satisfecho apropiadamente las necesidades de ella, y es un adicto al trabajo. Hasta ese punto, el hombre es culpable de

todo lo que se le acusa. He intentado expresar esta perspectiva fe-
menina en mi libro *Lo que las esposas desean que los maridos sepan sobre las mujeres,* porque creo que es válido.

Pero la historia tiene dos lados, y la versión de Juan también
debe contarse. Su esposa está equivocada al creer que su conten-
tamiento es exclusivamente tarea de él. De nadie debe esperarse
que cargue a otra persona emocionalmente. ¡Sólo Diana puede
hacerse feliz a sí misma! Ella no tiene ningún derecho de echar
toda la carga sobre Juan. Un buen matrimonio es aquel en el cual
las necesidades más dominantes encuentran satisfacción dentro
de tal relación, pero donde cada cónyuge desarrolla su identidad
individual, sus propios intereses y amistades. Este puede ser el
acto más delicado de acrobacia en cuerda floja, del matrimonio.
La independencia extrema es tan destructiva para cualquier relación como lo es la total dependencia.

Para resumir mi preocupación, las mujeres norteamericanas
tienden a estar más alejadas de la realidad en cuanto al matrimonio que sus hermanas en otras partes del mundo. Las películas y
la televisión les han hecho pensar que esa emoción romántica no
es sólo un derecho innato sino también el aspecto más importante del matrimonio. Cuando ese componente de «sentimiento» falta en la relación, la suerte de la familia está echada. Todo lo que
hay que hacer es acabarla. Ni siquiera el bienestar de los hijos es
lo suficientemente importante como para preservar el matrimonio; y eso es trágico.

Les hablo directamente a las mujeres que se han visto a sí
mismas en este capítulo. Con el debido respeto, mi tarea más difícil puede ser ayudarles a reconocer que ustedes son parte del
problema. Las mujeres iracundas que he aconsejado en el pasado, han estado tan consumidas por la falta de respeto y fracasos
de sus esposos, que no podían reconocer su papel en la falta de
respuesta de parte de él. Pero ellas mismas contribuyeron para
que él llegue a ser lo que es.

Considérese de esta manera. Una batalla verbal jamás hizo a
nadie más sensible o cariñoso. Usted simplemente no puede hacer pedazos a un sujeto, y después esperar que satisfaga sus nece-

sidades emocionales. Él no está hecho de esa pasta. En lugar de atacar al hombre que no responde como usted quiere, y alejarlo, hay un método de atraerlo en dirección a usted. Se consigue al procurar quitarle las presiones que lo acosan —por separarse un poco— al evitar las consabidas acusaciones y quejas —al dar la apariencia de que lo necesita menos— al mostrar aprecio por lo que hace bien, y por ser alguien con quien es divertido estar. La felicidad es un poderoso imán para la personalidad.

Algunas veces es necesario introducir un desafío en la relación para motivar al cónyuge alejado. De acuerdo con la filosofía del amor firme, una apariencia de confianza propia, de enigmática quietud e independencia, es mucho más eficaz para captar la atención que un ataque frontal.

Recuerdo haber aconsejado a una brillante joven, a quien llamaré Juana. Vino a verme porque parecía estar perdiendo el cariño de su esposo. Francisco parecía aburrirse cuando estaba en casa, y se negaba a llevarla con él cuando salía. En los fines de semana se iba a remar con los amigos, a pesar de las amargas protestas de su esposa. Por meses ella había estado rogándole su atención, pero el alejamiento continuaba.

Me figuré que Juana estaba invadiendo el territorio de Francisco, y que era necesario volver a captar el desafío que hizo que él quisiera casarse con ella. Así, le sugerí que se retirara hacia su propio mundo —que dejara de «abalanzarse» sobre él cuando estaba en casa— y que programara algunas actividades independientes de él. Simultáneamente le sugerí que le diera explicaciones imprecisas en cuanto a por qué su personalidad había cambiado. Le instruí que no debía mostrar ira ni descontento, permitiendo que Francisco sacara sus propias conclusiones en cuanto a lo que ella estaba pensando. Mi propósito era cambiar el marco de referencia para él. En lugar de que pensara: «¿Cómo me las arreglo para escaparme de esta mujer que me está volviendo loco?» quería que se preguntara: «¿Qué está pasando? ¿Estoy perdiendo a Juana? ¿La habré empujado demasiado? ¿Habrá encontrado a algún otro?»

Los resultados fueron conmovedores. Como una semana

después que Juana comenzó a cambiar su comportamiento, ambos estaban una noche juntos en su casa. Después de varias horas de conversación insulsa y bostezos, Juana le dijo que se sentía cansada y que quería irse a la cama. Le dijo buenas noches a secas, y se fue al dormitorio. Como treinta minutos más tarde Francisco abrió la puerta y encendió la luz. Luego procedió a acariciarla apasionadamente, diciéndole que no podía soportar la barrera que se había levantado entre los dos. Era precisamente la barrera de la cual Juana se había quejado por meses. La manera que ella había escogido para enfrentar el asunto había sido tan aplastante que en realidad lo estaba alejando de ella. Cuando ella cambió su dirección, Francisco también dio marcha atrás. A menudo ocurre así.

Habiendo traído a colación el tema del sexo, permítame hacerle una pregunta interesante. ¿Cuál matrimonio es el que probablemente disfrutará de más intensa atracción física, aquel que tiene una relación serena como una roca, o aquel que tiene sus altos y sus bajos? Sorprendentemente, es el que varía de tiempo en tiempo. El voltaje más alto no ocurre en el matrimonio estático que se caracteriza por lo conocido, demasiada exposición o la eliminación de aquel halo de misterio. De acuerdo con los investigadores Kinsey, la relación más saludable es la que «respira», la que oscila de un tiempo de intimidad y ternura a una postura más distanciada. Eso prepara una nueva reunión emocionante, a medida que el ciclo sigue su curso. Las parejas que trabajan o juegan juntas, día tras día, tienen una desventaja en comparación con aquellas cuyo estilo de vida las separa brevemente, y luego las vuelve a unir.

¿Ve usted la pertinencia de nuestra discusión? Aquellos individuos que revolotean constantemente sobre sus cónyuges, obteniendo de esa otra persona la razón completa para su existencia, en realidad están obstaculizando la relación. Están interfiriendo con la «respiración» natural que demuestra ser tan útil a través de los años.

Concluiré mencionando una instructiva entrevista con la señora Jean Lush, respetada consejera matrimonial y familiar. Ella dijo lo siguiente en nuestro programa radial *Focus on the Family*.

LUSH: La demasiada cercanía puede hacer que el matrimonio se vuelva demasiado seco. Cuando una pareja se ata mutuamente en tal manera, cuando se alimentan el uno al otro en forma exclusiva, pierden algo del sentido mágico. Como se puede ver, pienso que una mujer debe conservar lo que yo llamo un «atractivo misterioso» que es exclusivamente suyo. Siempre debe haber un poco de «misterio» en su personalidad.

DOBSON: ¿Piensa usted que es posible que una persona destruya ese sentido de misterio por comunicarse demasiado?

LUSH: Desde luego. He aconsejado a centenares de parejas que se quejaban de que ya no se querían, incluso a pesar de que se comunicaban maravillosamente. Cuando me contaron cómo se comunicaban, entendí en seguida por qué había muerto su amor. Habían destruido lo misterioso, y dejado únicamente la fealdad desnuda. Por eso detesto la franqueza absoluta en el matrimonio.

DOBSON: Háganos el favor de explicar qué quiere decir con eso.

LUSH: Pues bien, consideremos lo que le ocurre a una mujer durante su período menstrual. Ella puede tener algunos días de mucha depresión, especialmente durante los días que preceden a su período. Personalmente, yo tengo una lengua mordaz y criticona en esos días, y eso no es raro. Ahora bien, si la mujer piensa que tiene el derecho —o quizá hasta la obligación— de ser totalmente franca incluso cuando sabe que su propia percepción está distorsionada, puede decir cosas horribles que realmente no quiere decir. Esto puede ser muy duro para el matrimonio. Simplemente no es saludable arrojar toda la fealdad encima del cónyuge. Necesitamos ejercer cierta disciplina en lo que nos decimos el uno al otro.

DOBSON: Cuando usted dice que se opone a una total

franqueza en el matrimonio, no está sugiriendo que los esposos puedan engañarse mutuamente, ¿verdad?

LUSH: No, eso no es lo que estoy sugiriendo. Lo que estoy diciendo es que no tenemos que decir en voz alta todo pensamiento que nos viene a la cabeza. El amor es una flor delicada que hay que cuidar. No le gusta el mucho calor ni le gusta el mucho frío. Recuerde que vivimos en cuerpos de carne y hueso; no somos ángeles, y demasiada realidad puede debilitar el cariño que nos une el uno al otro.

DOBSON: Usted también se preocupa por las mujeres que descansan demasiado en sus esposos, durante los treinta, esperando que ellos las carguen emocionalmente…

LUSH: No conozco ninguna mejor manera para sentar las bases para una crisis diez años más tarde, que el que una mujer exija de su esposo más de lo que él puede dar en sus treinta.

¡Yo mismo no podría haberlo dicho mejor!

15

Amor firme para personas solteras

Un libro entero podría escribirse sobre los principios de que el *amor debe ser firme* en lo que respecta a hombres y mujeres solteros. El problema, francamente, es que muchos solteros desean con tanta desesperación casarse que violan las leyes de la libertad y del respeto en las relaciones románticas. Es como abrir una manguera de incendios sobre una llamita que flamea. Todo lo que queda luego es humo y cenizas.

Oí de un joven que estaba decidido a ganarse el cariño de una muchacha que se negaba hasta a verlo. Decidió que el camino hacia el corazón de ella era a través del correo, de modo que comenzó a escribirle una carta de amor cada día. Ante la falta de respuesta de parte de ella, aumentó sus notas, y le enviaba tres al día. En total le escribió más de setecientas cartas; y ella se casó con el cartero.

Así es como funciona el sistema. El amor romántico es una de aquellas extrañas empresas humanas que alcanzan mejor éxito cuando exigen el menor esfuerzo. Los que más se esfuerzan por lograrlo son los que con más probabilidad fracasan. Hablando de personas que se esforzaron mucho, nadie lo hará mejor que un tal Keith Ruff, cuya historia apareció en el periódico *Los Angeles Times,* el 21 de febrero de 1982, escrita por la periodista Betty Cuniberti. El titular decía: «Hombre gasta veinte mil dólares tratando de ganar la mano de una muchacha que puede decir que no.»

Un hombre enamorado, que vivía en un hotel de Washington que le costaba doscientos dólares al día, ha gastado, según últimos cálculos, cerca de veinte mil dólares tratando de demostrarle a la mujer amada que no aceptará un «no» por respuesta a su propuesta de matrimonio.

El día de Navidad, Keith Ruff, de treinta y cinco años, y que había sido corredor de acciones en Beverly Hills, de rodillas le propuso matrimonio a Karine Bolstein, de veinte años, y camarera en un restaurante de Washington. La había conocido en una tienda de calzado el verano anterior. Los dos habían salido juntos algunas veces en los dos meses que precedieron a la proposición.

Al oír su propuesta, ella bajó la vista y dijo: «No.»

Desde entonces Ruff se ha quedado en Washington y demostrado su deseo de que ella reconsidere la respuesta, enviándole todo lo imaginable, excepto bajarle la luna.

A lo mejor eso sea lo siguiente.

Él piensa que ya casi se le acaba todo el dinero, porque no es ningún príncipe árabe.

Lluvia de regalos

Las muestras de su amor incluyen:

—Un avión Learjet, listo en el aeropuerto, «por si acaso a ella se le ocurra dar una vuelta».

—Entre tres mil a cinco mil flores.

—Un automóvil de lujo, equipado con televisión, y estacionado frente a la puerta de ella.

—Un anillo de oro.

—Doscientos dólares en champaña.

—Cenas con langosta servidas a domicilio.

—Músicos para que le toquen serenatas.

—Un payaso contratado para que divierta al hermano menor de la muchacha.

—Un hombre disfrazado de Príncipe Azul, llevando una zapatilla de cristal.

—Galletas, dulces y perfumes.

—Personas contratadas para que lleven dobles letreros mientras caminan alrededor de la casa de ella, y del restaurante donde trabaja, con la leyenda: «El señor Dennis Ruff AMA a la señorita Karine Bolstein.»

—Globos, que ella reventó de inmediato. «¿Qué más podía hacer ella? —dijo Ruff sin inmutarse—. La casa estaba tan llena de flores que no había espacio ni para caminar.»

—Para el padre de ella, una canasta de nueces y como trescientos dólares en cigarros, «para que los reparta entre sus compañeros en el Ministerio de Trabajo. Tal vez suene raro, pero su papá me cae bien».

—Para la madre de ella, flores entregadas en la Embajada de Francia, donde trabaja. «Pienso que no le agrado a la madre. Ella llamó a la policía —dice Ruff—. Pero seguiré mandándole regalos. ¿Cómo puede alguien estar tan enfadado?»

—Para ambos padres, una escalera plegable, «para que puedan ver la relación desde un ángulo diferente».

No es una sorpresa que Ruff haya dicho que tiene «una situación monetaria muy, muy extraña».

No ha trabajado por algún tiempo, y dice que tiene sus propios medios independientes.

«No me importa cuántas ofertas de trabajo me caigan. No me interesan —dice Ruff—. Prefiero pensar en ella antes que tener un empleo.»

Dice que gastará hasta el último centavo, y que después mendigará si tiene que hacerlo, pero que seguirá «tratando por diez o veinte años. Le pediré cien mil veces que se case conmigo».

Nada lo detiene

«No me importa cuántas veces diga que no. Haré todo lo que esté a mi alcance, que no sea absurdo o contra cualquier ley razonable. No me detendría ni aunque se hiciera monja. Nunca me he sentido así antes.»

Karine, entretanto, dice que se siente halagada, pero que es demasiado joven para casarse. Dice también que su casa se parece ahora a una funeraria.

Ruff dijo: «No deseo obligarla a que me quiera, pero no puedo evitarlo. Tal vez esto la ponga nerviosa, pero por lo menos ella puede sonreír al mismo tiempo que está nerviosa. A cualquiera le gustaría eso.»

Ruff dijo que algunas personas con quienes habla se muestran escépticas.

«La gente dice que mi amor es extraño —dijo—, pero nuestra sociedad entera está destruyéndose debido a la manera en que la gente ama. ¿Qué quiere decir salir juntos? ¿Que alguien le manosee todo el cuerpo a la otra persona? Mis amigos en Los Ángeles saben con cuántas mujeres he salido. No me gusta ser un mujeriego. Creo en los valores antiguos. Ya encontré a la mujer que quiero.»

Ruff dice que pasa mucho tiempo en su habitación en el hotel, planeando qué es lo siguiente que va a hacer, y ocasionalmente llorando. Karine ha recibido peticiones por su autógrafo en su sitio de trabajo, y hasta han preparado una bebida especial en su honor.

Ruff dijo que Karine lo llamó una vez. «Pero yo colgué el teléfono. No me gustó lo que dijo. La realidad me perturba. Prefiero cerrar mis ojos e imaginarme que veo su cara. Vivo en una fantasía. Vivo con la esperanza. Y con un buen número de enormes cuentas por pagar[1].»

Hay varias cosas que el bueno de Ruff no sabe acerca de las mujeres, dando por sentado que la señorita Bolstein todavía no se ha percatado del mensaje. Él puede llorar en su habitación del hotel por los próximos cincuenta años sin despertar ni el más mínimo ápice de simpatía en ella. El avión tampoco significa gran cosa para ella. Pocas mujeres se sienten atraídas por hombres que lloriquean, que se humillan, que quieren sobornar y que se portan como tontos a ojos de todo el mundo. ¿Quién quiere casarse con un sujeto sin ambición, que se humilla como si fuera un perro? ¡Adiós romance! ¡Que se vaya a un asilo de mendigos!

En una escala mucho más reducida, por supuesto, los solteros cometen el mismo error en otros aspectos. Revelan sus esperanzas y sueños demasiado temprano en el juego, y asustan has-

---

[1] «*Man Spends $20,000 Trying to Win Hand of Girl Who Can Say No*» por Betty Cuniberti, derechos reservados, 1982, *Los Angeles Times*. Usado con permiso.

ta el tuétano a los posibles amores. Los divorciados caen en la misma trampa, sobre todo las mujeres que necesitan de un hombre que las mantenga a ellas y a sus hijos. Los candidatos varones para tal tarea son una rareza, y son algunas veces reclutados como si fueran atletas de envergadura nacional. No he visto mejor ilustración de esto que un artículo aparecido también en *Los Angeles Times*. Le fue enviado a Virginia Doody Klein, para que lo publicara en su columna «*Living with Divorce*» [«Vida con el divorcio»]:

P. Mi divorcio tuvo lugar hace poco. Soy un profesional con un problema extraño. Espero que pueda ayudarme. Una mujer con quien salí una vez me llamó incluso antes que tuviera siquiera oportunidad de salir con ella por segunda vez, y quería saber por qué no la había vuelto a llamar. Después de nuestra segunda salida juntos, ella comenzó a llamarme casi a diario, ofreciéndome que fuéramos a cenar juntos, o contándome algo cómico que había leído y pensó que me encantaría saberlo. Para colmo, la misma rutina ha comenzado con otra mujer a quien apenas acabo de invitar una vez para salir juntos. Si tal conducta es típica, tal vez yo debiera haber seguido casado. ¿Cómo me libro de este frenesí para que salga con ellas, y cómo podría tener una vida social agradable y tranquila? [2]

¿No es obvio lo que está ocurriendo aquí? Las mujeres que están saliendo con ese «profesional» están persiguiéndolo como sabuesos detrás de un conejo. Como se puede predecir, su impulso natural es huir. Si ellas tienen interés en atraerlo, simplemente deben dejar de invadir el territorio de él. Debieran más bien mantener un sentido de decoro de la manera en que se comportan con él.

Intenté explicar el «cómo» de esta recomendación, a mediados de la década de los setenta, cuando escribí el libro *Lo que las*

---

[2] *Los Angeles Times*, 12 de abril de 1982. El párrafo que se transcribe procede de la columna «Vida con el divorcio», de Virginia Doody Klein, © 1982, Sun Features, Inc.

esposas desean que los maridos sepan sobre las mujeres. Los conceptos que estaba formulando entonces han soportado intenso escrutinio desde aquel tiempo, y han provisto del fundamento para el libro que usted está leyendo. Esto es lo que escribí:

Es muy importante mantener un toque de dignidad personal y un sentido de aprecio por uno mismo, a través de toda relación romántica. Esto nos conduce a un detalle importante que requiere un buen énfasis. He observado que muchas relaciones fracasan al no reconocer una característica universal de la naturaleza humana: «Damos valor a aquello que deseamos obtener, y desacreditamos lo que ya poseemos. Codiciamos lo que está fuera de nuestro alcance, y despreciamos el mismo objeto, cuando se ha convertido en nuestra posesión permanente.» Ningún juguete es tan divertido para jugar con él como aparentaba serlo a los absortos ojos del niño que lo contemplaba en la vidriera de una tienda. Difícilmente un costoso automóvil da la satisfacción que anticipaba el hombre que soñó con poseerlo. Este principio se muestra más exacto aun en asuntos románticos, especialmente en referencia a los hombres. Veamos el caso extremo de un don Juan, amante perpetuo que salta de una mujer a otra como un picaflor vuela de flor en flor. Su corazón late apresuradamente lleno de pasión ante la esquiva princesita que pierde su zapatilla de cristal cuando escapa precipitadamente. Y utiliza hasta la última gota de su energía intentando capturarla. Sin embargo, la intensidad de su deseo depende de la imposibilidad de su realización. En el momento en que logra materializar su apasionado sueño, empieza a preguntarse: «¿Es esto lo que en realidad quería?» Más adelante, conforme avanza en una rutina diaria, su entusiasmo continúa decayendo, y finalmente es atraído por una nueva princesa, y comienza a planear cómo puede escaparse de su antiguo ideal.

Quiero aclarar que no puedo incluir a todos los hombres, ni siquiera a la mayoría de ellos en la categoría de don Juan. Tampoco puedo decir que son explotadores e inestables como el picaflor que he descrito. Pero en grado menor todos sufrimos del mismo mal. Muchas veces he visto una relación aburrida, convertirse en un violento torrente de nuevos deseos y anhelos, cuando una de las partes rechaza a la otra y termina yéndose de su lado. Luego de largos años de apatía, el «rechazado» súbitamente se inflama a manos de un romántico deseo, y de una vana esperanza.

Este mismo principio acaba de afectarme hace un momento. Estoy escribiendo estas palabras en una sala de espera de un gran hospital, donde mi esposa está siendo sometida a una operación de cirugía abdominal, y me siento presa de la tensión y de la ansiedad. Aun cuando siempre hemos estado muy cerca el uno del otro, mi afecto y amor hacia Shirley alcanza su punto máximo en estos momentos. Hace menos de cinco minutos un cirujano salió de la sala de operaciones con un rostro ceñudo. Le informó a un hombre que estaba cerca de mí que su esposa se consume atacada de cáncer. Le habló muy claramente acerca de los resultados desfavorables del análisis patológico que confirmaba la maligna enfermedad.

Yo tendré que esperar al cirujano que opera a Shirley una hora más, y me siento muy vulnerable en estos instantes. Aunque mi amor por ella no flaqueó a través de estos catorce años juntos, jamás ha sido tan intenso como ahora que nos sentimos amenazados. Usted se podrá dar cuenta de que nuestras emociones no sólo son afectadas por el desafío de conseguir algo, sino también ante la posibilidad de la pérdida irrevocable. (El cirujano llegó cuando estaba escribiendo la frase de arriba. Dice que mi esposa ha soportado bien la operación, y que el examen patológico no ha reportado ningún tejido anormal. ¡Y yo me siento un hombre feliz! Pero simpatizo profundamente con esa familia desafortunada cuya tragedia acabo de presenciar.)

Un ejemplo mejor de lo inconstante de nuestras emociones, lo encontramos en mi primera relación con Shirley. Cuando nos conocimos, ella estudiaba en la secundaria, y yo iba un poco más adelantado. Me sentía como un gran hombre en la universidad y consideraba mi noviazgo con esa adolescente como algo sin mucha importancia. Ella, aun cuando había tenido éxito entre los muchachos, se sentía gratamente impresionada por la independencia que yo le demostraba. Me deseó

porque no estaba muy segura de lograr alcanzarme. Pero su interés sirvió para apagar el mío. Luego de la graduación, tuvimos una de esas largas conversaciones bien conocidas por todos los novios del mundo. Le dije que me gustaría que
compartiera con otros jóvenes que la admiraban, mientras yo
iba al servicio militar, porque personalmente no tenía pensado casarme con nadie, en forma inmediata. Nunca olvidaré su
reacción. Esperaba que ella me gritara, e intentara retenerme
a su lado. Por lo contrario, me dijo: «He estado pensando lo
mismo, y me agrada la idea de conocer a otros muchachos,
porque no sé qué será de nuestra relación ahora que debemos
separarnos.» Esa respuesta me desarmó. Por primera vez en
nuestra relación ella se estaba alejando de mí. Pero lo que yo
no supe entonces fue que Shirley cerró calmadamente la puerta de su casa, y estuvo llorando toda la noche.

Yo me fui al ejército, y luego regresé a la Universidad del
Sur de California para proseguir mis estudios. Para ese tiempo, Shirley se había convertido en una hermosa mujer, y una
estudiante muy conocida. Era reina y presidenta de su clase, y
figuraba en el catálogo de «Quién es quien en las universida-
des americanas». Era una de las muchachas más populares de
la universidad. Como podía esperarse, de repente cobró mucho atractivo para mí. Empecé a llamarla varias veces por día,
investigué con quién compartía su tiempo libre, y traté de agra-
darle a través de muchas maneras.

Sin embargo, en el momento en que Shirley captó mi entusiasmo y ansiedad, su afecto hacia mí comenzó a decaer. Se había apagado el atractivo con que yo la había impresionado dos
años antes. Ahora era yo el que tocaba a su puerta y suplicaba
sus favores.

Un día, después que pasamos un tiempo juntos que fue
poco agradable, tuve que sentarme en el escritorio y pasar
dos horas completas analizando lo que estaba sucediendo.
Fue durante esa introspección que me di cuenta del error que
andaba cometiendo. Brilló la luz en mi mente, tomé un lápiz y
escribí diez cambios que debía hacer inmediatamente en
cuanto a nuestra relación. Primero: Siempre demostraría dignidad personal y autorrespeto, aun si llegaba a perder a la

mujer que amaba profundamente. Segundo: Decidí transmitir la siguiente actitud en todo momento que tuviera oportunidad. «Yo estoy marchando hacia adelante en la vida, y espero llegar a alguna parte. Te amo y me gustaría que eligieras venir conmigo. Si lo haces, me entregaré a ti completamente y trataré de hacerte feliz. Sin embargo, si no deseas emprender esta aventura conmigo, yo no voy a obligarte a ello. Tienes que tomar una decisión y yo estoy dispuesto a aceptarla.» Había otra serie de elementos que integraban mi nueva estrategia, pero todos ellos giraban alrededor de una actitud de confianza propia e independencia personal.

La primera noche que puse en práctica esta nueva fórmula fue una de las experiencias más brillantes de mi vida. La muchacha que hoy es mi esposa, me vio como ausente en mis pensamientos a través de toda la tarde, y reaccionó alarmada. Ibamos andando en silencio en mi auto, y Shirley me sugirió que paráramos a un lado del camino. Cuando lo hice, me puso las manos alrededor del cuello y me dijo: «Estoy asustada. Siento que te estoy perdiendo, y no sé cuál es la razón. ¿Realmente, tú me amas?» A la luz de la luna, pude observar que tenía lágrimas en los ojos. Por supuesto ella no alcanzaba a escuchar los latidos de mi corazón cuando yo le hice mi discurso acerca del viaje que quería realizar por la vida. ¿Se da cuenta? Yo había vuelto a convertirme en un desafío para Shirley, y ella respondió en una forma hermosa.

Esta fuerza psicológica que dirige nuestro ir y venir en la relación con otros, es muy importante, y se presenta como una cualidad universal en toda la naturaleza humana. Perdóneme la repetición, pero quiero recalcarla: «Anhelamos lo que no podemos obtener, pero despreciamos lo que ya no se nos puede escapar.» Esta verdad es particularmente importante en asuntos románticos y seguramente que tiene influencia en la vida del lector[3].

Con tal trasfondo, permítaseme ser bien específico para ustedes, personas solteras, que no desean seguir siéndolo. (No hay

[3] *Lo que las esposas desean que los maridos sepan sobre las mujeres*, Libros CLIE, Barcelona, España, 1978, pp. 90-95.

nada de insulto para quienes son solteros a propósito, y prefieren no casarse. Esa es una opción legítima que debe ser igualmente respetada por amigos o familiares.) A continuación hay una lista de dieciséis sugerencias que le ayudarán a ajustarse a los principios del amor firme, en lo que respecta a los asuntos del corazón.

1. No permita que la relación avance demasiado aprisa en su comienzo. La frase «demasiado ardorosa para que no se enfríe» tiene validez. Avance un paso a la vez.

2. No converse con mucho detalle sobre sus propios defectos personales cuando la relación es nueva. Sin importar cuán cariñoso pueda ser su amigo o amiga, y cuánto le acepte, cualquier revelación de un pobre concepto de sí mismo, o de alguna debilidad vergonzosa, puede ser fatal cuando se presenten los altibajos en la relación. Y se presentarán.

3. Recuerde que el respeto precede al amor. Edifique piedra sobre piedra.

4. No hable demasiado con la otra persona, ni le dé oportunidad de que se canse de usted.

5. No revele demasiado rápido su deseo de casarse, o que usted piensa que ha encontrado a la persona ideal. Si la otra persona no ha llegado a la misma conclusión, todo lo que conseguirá es atemorizarla.

6. *De suma importancia.* Las relaciones están constantemente siendo sometidas a prueba por parte de las personas cautelosas que les gusta mordisquear el señuelo antes de tragarse el anzuelo. Este procedimiento de prueba puede tomar muchas formas, pero corrientemente incluye retirarse un poco de la otra persona para ver qué ocurre. Tal vez se instigue una pelea por una tontería. Tal vez pasen dos semanas sin una llamada telefónica. Algunas veces se flirtea con algún rival. En cada caso, la pregunta que se está haciendo es: «¿Cuán importante soy para ti, y qué harías si me perdieras?» Una cuestión todavía más fundamental hay debajo de aquella. Quiere saber: «¿Cuán libre soy para dejarte si quisiera hacerlo?» Es increíblemente importante en estas ocasio-

nes aparecer con calma, con seguridad e igualmente independiente. No se aferre a la otra persona ni suplique misericordia. Algunas personas se quedan sin casarse toda la vida porque no pudieron resistir la tentación de arrastrarse cuando les llegó la prueba.

7. A raíz del mismo concepto, recuerde que prácticamente toda relación de salir juntos que perdura por un año o más, y que parece estar avanzando hacia el matrimonio, será sometida a una prueba final. Ocurrirá un rompimiento, motivado sólo por uno de los dos enamorados. El individuo rechazado debe saber que su futuro juntos depende de su habilidad para superar tal crisis. Si el individuo que sufre puede permanecer en calma, como Shirley lo hizo conmigo, los dos pasos siguientes pueden ser la reconciliación y el matrimonio. A menudo ocurre así. Si no, no hay cantidad suficiente de súplicas que pueda cambiar las cosas.

8. No espere que alguien sea capaz de satisfacer *todas* sus necesidades emocionales. Mantenga intereses y actividades fuera de la relación romántica, incluso después del matrimonio.

9. Guárdese contra el egoísmo en su enamoramiento. Ni el hombre ni la mujer deben ser los únicos que dan todo. Una vez rompí con una muchacha porque me dejaba que la llevara a lugares elegantes, que le regalara flores y que le comprara el almuerzo. Yo quería hacer todo eso, pero esperaba que ella correspondiera de alguna manera. Ella nunca lo hizo.

10. Cuidado con la ceguera ante señales obvias que le dicen que su posible cónyuge es básicamente desleal, lleno de odio, sin ningún compromiso espiritual, adicto a las drogas o al alcohol y dado al egoísmo. Créame. Un mal matrimonio es mucho peor que la más aguda soledad por la soltería.

11. No se case con quien usted piensa que podría vivir; cásese solamente con la persona sin la cual no podría vivir.

12. Tenga cuidado al defender la «línea de respeto», incluso durante la relación del enamoramiento y noviazgo. El hombre debe abrir la puerta para la mujer en una salida formal; la mujer debe hablar en forma respetuosa de su acompañante

en público. Si usted no conserva esta delicada línea cuando se están echando los cimientos del matrimonio, será prácticamente imposible construirla luego.

13. No iguale la dignidad humana con la hermosura sin tacha o la buena apariencia. Si usted exige perfección física en su posible cónyuge, él o ella pueden exigir lo mismo en usted. No deje que el amor se escape debido a los falsos valores de su cultura. De la misma manera, tenga cuidado de no compararse con otros, lo cual es la raíz de toda inferioridad.

14. Si hasta aquí el amor genuino le ha evadido, no comience a creer que «nadie jamás va a quererle». Esta es una trampa mortal que puede destruirle emocionalmente. Millones de personas andan buscando a alguien a quien querer. El problema es encontrarse mutuamente.

15. Sin importar cuán brillante haya sido el enamoramiento, tómese tiempo para «verificar con la otra persona lo que usted da por sentado», antes de comprometerse en matrimonio. Es sorprendente cuán a menudo hombres y mujeres se lanzan al matrimonio sin siquiera tener idea de las principales diferencias en expectativas entre los dos. Por ejemplo:

   a. ¿Quieren tener hijos? ¿Pronto? ¿Cuántos?

   b. ¿Dónde van a vivir?

   c. ¿Trabajará la esposa fuera de casa? ¿Hasta cuándo? ¿Qué tal después que vengan los hijos?

   d. ¿Quién dirigirá la relación? ¿Qué significa eso realmente?

   e. ¿Cómo se relacionarán con sus parientes políticos?

   f. ¿Cómo se gastará el dinero?

   g. ¿A qué iglesia van a asistir?

   Estos, y otra docenas de asuntos que «se dan por sentado» deben ser discutidos uno por uno, tal vez con la ayuda de un consejero premarital. Muchas peleas futuras podrían evitarse al ponerse de acuerdo en los aspectos de posible desacuerdo. Si las diferencias son suficientemente significativas, es hasta posible que el matrimonio jamás deba ocurrir.

16. Finalmente, la familiaridad sexual puede ser mortal para

una relación. Además de las muchas razones morales, espirituales y físicas, para permanecer vírgenes hasta el matrimonio, hay numerosas ventajas psicológicas y personales para el ejercicio del dominio propio y de la disciplina. Aun cuando es una noción antigua, tal vez todavía sea cierto que los hombres no respetan a ninguna mujer «fácil», y a menudo se aburren de las que no tienen nada más en reserva. De la misma manera, las mujeres no respetan a los hombres que tienen sólo una cosa en mente. Ambos sexos deben recordar cómo usar una palabra muy antigua: «¡NO!»

Estas dieciséis sugerencias no garantizan que usted conquistará a la persona que ama, pero son mejores que la técnica que empleó el señor Keith Ruff. Y le ahorrarán veinte mil dólares al mismo tiempo.

16

Elementos que componen un buen matrimonio

Tal vez hemos dicho lo suficiente acerca de relaciones humanas deterioradas y del por qué están destruyéndose los hogares. He dedicado quince capítulos al concepto del amor firme, y de cómo este puede volver a unir a las familias que se hallan al borde de la desintegración. Pero hay limitaciones para este enfoque, directamente relacionadas a la fortaleza intrínseca del cimiento sobre el cual se edificó el matrimonio que ahora tiene dificultades. El hecho de que el cónyuge lastimado muestre respeto propio y calma durante un período de crisis no producirá nada más que un alivio temporal *a menos que haya un cimiento de auténtico amor sobre el cual reeducar.*

Es apropiado, por lo tanto, que dirijamos ahora nuestra atención al fundamento en sí mismo. ¿Cuáles son los ingredientes misteriosos que casi todos los buenos matrimonios tienen en común? ¿A qué se debe esa maravillosa fusión de personalidades cuando dos individuos distintos y separados establecen una familia y luego viven juntos en amor y armonía por los próximos cincuenta o sesenta años? ¿Hay algo significativo que se sepa acerca de estos matrimonios de larga duración, que ayudaría a otros a lograr estabilidad en un mundo de cosas transitorias?

Afortunadamente el doctor Desmond Morris ha dado una respuesta inteligente a esas preguntas, en su libro *Intimate Beha-*

viour [Conducta Íntima]¹. Fue el doctor Donald Joy quien llamó mi atención al libro, y quien interpretó los descubrimientos para nuestros radioescuchas. El doctor Joy dijo que la investigación verifica que los matrimonios más saludables son aquellos donde ha tenido lugar un apropiado enlace emocional en la relación conyugal. Este enlace es el pacto emocional que une a un hombre y a una mujer por toda la vida, y hace que el uno sea de intenso valor para el otro. Es ese algo especial que separa a los dos amantes de toda otra persona en la faz de la tierra. Es el don de Dios de compañerismo para quienes lo han experimentado.

¿Cómo puede tener lugar este enlace, y por qué falta en tantas relaciones? De acuerdo con los doctores Joy y Monis, es más probable que se desarrolle este enlace emocional entre los que han avanzado sistemática y lentamente a través de doce pasos durante su noviazgo y las primeras etapas de su matrimonio. Esas etapas, que se describen a continuación, representan una progresión de infinidad física a partir de la cual a menudo se desarrolla un compromiso permanente.

1. *Una mirada al cuerpo.* Una mirada revela mucho acerca de una persona: su sexo, figura, edad, personalidad y condición social. La importancia que la gente concede a esos criterios determina si el uno se sentirá atraído o no por el otro.

2. *Una mirada a los ojos.* Cuando un hombre y una mujer que son extraños el uno al otro intercambian miradas, su reacción más natural es desviar la vista avergonzados. Si los ojos se vuelven a encontrar, tal vez sonrían, lo que es una señal de que quizá les gustaría conocerse mejor.

3. *El contacto de la voz.* Sus conversaciones iniciales son triviales, e incluyen preguntas tales como: «¿Cómo se llama?» o «¿En qué trabaja usted?» Durante esa prolongada etapa los dos aprenden mucho en cuanto a las opiniones del otro, sus pasatiempos, actividades, hábitos, diversiones, gustos y cosas

---

¹ *Intimate Behavior* [Conducta Íntima], por Desmond Morris, cap. 3, «Intimidad sexual», Random House, New York, 1971, esp. pp. 73-78. Usado con permiso.

que no les gustan. Si estas cosas son compatibles, llegan a ser amigos.

4. *El contacto de las manos*. El primer contacto físico entre los dos es normalmente las ocasiones nada románticas en que el hombre ayuda a la mujer a descender del autobús, por ejemplo, o de un escalón muy alto, o le ayuda a saltar algún obstáculo. En este punto cualquiera de los dos puede retirarse de la relación sin rechazar al otro. Sin embargo, si continúa la relación, el contacto de mano a mano con el tiempo se convertirá en el nexo romántico del uno para el otro.

5. *La mano en el hombro*. Este afectuoso abrazo todavía no es comprometedor. Es la posición de tipo «amistoso» en la cual el hombre y la mujer están lado a lado. Están más preocupados por el mundo que tienen ante sus ojos que por lo que están el uno del otro. El contacto de mano a hombro revela una relación que es algo más que una amistad íntima, pero probablemente no es amor genuino.

6. *La mano en la cintura*. Debido a que esto es algo que dos personas del mismo sexo ordinariamente no harían, es claramente romántico. Se sienten lo suficientemente cerca como para compartir secretos o lenguaje íntimo el uno con el otro. Sin embargo, al caminar lado a lado, con las manos en la cintura, todavía están mirando al frente.

7. *Cara a cara*. Este nivel de contacto incluye contemplarse mutuamente a los ojos, abrazándose y besándose. Si no se ha pasado por alto ninguno de los pasos anteriores, el hombre y la mujer han desarrollado un código especial por medio de su experiencia, que les permite establecer una comunicación profunda con muy pocas palabras. En este punto el deseo sexual se convierte en un factor importante en la relación.

8. *Caricias de la cabeza*. Esta es una extensión de la etapa previa. El hombre y la mujer tienden a acariciar o a frotar la cabeza del otro mientras se besan o hablan. En nuestra cultura dos individuos muy rara vez se tocarán la cabeza a menos que estén unidos románticamente, o a menos que sean parientes. Es una manera de indicar proximidad emocional.

9-12. *Los pasos finales.* Los cuatro niveles siguientes son distinti-vamente sexuales y privados. Son (9) mano a cuerpo, (10) boca a senos, (11) tocar debajo de la cintura, y (12) relación sexual. Obviamente, los actos finales de contacto físico de-ben reservarse para la relación marital, puesto que son pro-gresivamente sexuales e intensamente personales.

Lo que Joy y Morris están diciendo es que la intimidad debe proceder lentamente si la relación entre un hombre y una mujer va a alcanzar su pleno potencial. Cuando dos personas se quie-ren profundamente y están comprometidas de por vida, por lo ge-neral desarrollan muchas maneras de entenderse, que serían consideradas insignificantes para cualquier otra persona. Com-parten incontables recuerdos desconocidos para el resto del mun-do. Esto es, en gran medida, donde se origina su sentido de que el uno es especial para el otro. Es más, el factor crítico es que ellos han dado estos pasos en orden de sucesión. Cuando las eta-pas postreras son alcanzadas prematuramente, como por ejem-plo cuando una pareja se besa apasionadamente en la primera vez que salen juntos, o tienen relación sexual antes del matrimo-nio, algo precioso se pierde en la relación. En lugar de esto, el no-viazgo debiera nutrirse mediante las caminatas, y conversacio-nes, y «secretos de enamorados», que colocan los cimientos de la intimidad mutua. Ahora podemos ver cómo el presente ambien-te de actitud permisiva sexual y lujuria sólo sirve para debilitar la institución del matrimonio, y mina la estabilidad de la familia.

Antes que termine de hablar acerca de este concepto de enla-ce emocional de los compromisos, permítaseme enfatizar que el mismo se aplica no sólo a las experiencias durante el noviazgo. Los matrimonios de más éxito son aquellos en los cuales los cón-yuges recorren los doce pasos regularmente en su vida diaria. To-carse y hablarse y tomarse de las manos, y mirarse a los ojos, y formar recuerdos, son tan importantes para los cónyuges de edad madura como lo son para los jóvenes. La mejor manera de vigorizar una vida sexual fatigada es recorrer los doce pasos del noviazgo, ¡regularmente y con entusiasmo! A la inversa, cuando la relación sexual ocurre sin las etapas de intimidad que deben precederla en los días previos, la mujer probablemente se sentirá que se le ha maltratado o se ha abusado de ella.

Para las parejas que han encontrado difícil mantener la clase de intimidad y proximidad que he descrito, me gustaría dar mi más fuerte recomendación para un programa que se llama Encuentro matrimonial. Aun cuando no está diseñando para matrimonios en serio peligro, es el mejor programa que he visto para mejorar la calidad de la comunicación entre los miembros de la familia. Los principios sobre los que se basa son válidos y eficaces.

Shirley y yo habíamos oído acerca de este programa por años, pero nunca habíamos encontrado el tiempo para participar. Finalmente, en respuesta a la recomendación de un amigo pediatra, decidimos asistir. Para ser franco, asistí más por razones profesionales, sin esperar nada pertinente para mi esposa y para mí. Si había algo en lo cual yo pensaba que Shirley y yo no necesitábamos ayuda era en la comunicación. Pocas veces he estado más equivocado.

Lo hermoso de *Encuentro matrimonial* es que tiene la virtud de encajar dondequiera que la necesidad sea más grande. En nuestro caso, la necesidad no tenía casi nada que ver con la comunicación en el sentido clásico. En lugar de esto, descubrimos una fuente secreta de tensión, que Shirley nunca había expresado verbalmente, y que yo no sabía que existía. Tenía que ver con la muerte reciente de ocho parientes ancianos, seis de los cuales eran varones. Mi esposa había observado como las sobrevivientes luchaban por sobrellevar su vida sin su cónyuge, y las pasmosas implicaciones de una viudez súbita. Debido a que Shirley y yo estamos en los cuarenta, ella estaba calladamente preocupándose por la posibilidad de perderme, y deseando saber a dónde nos dirigíamos. Mi cariñosa esposa estaba también preguntándose a sí misma: «Sé que Jim me necesitaba cuando éramos jóvenes, y él estaba luchando por establecerse profesionalmente. Pero, ¿tengo todavía un lugar prominente en su corazón?»

Uno no se da lugar para discutir asuntos tan delicados, cara a cara, en medio del ajetreo y trajín cotidiano. Uno los esconde muy adentro hasta que (y si) surge la oportunidad para expresarlos. Para Shirley y para mí, eso ocurrió durante aquel *Encuentro matrimonial*. En la primera parte de las reuniones hablamos acerca de la posibilidad de mi muerte, y luego, la última mañana, resolvimos el asunto de mi continuo amor por ella.

Shirley estaba a solas en nuestra habitación en el hotel, expresando su preocupación personal en una nota escrita para mí. Por dirección divina, estoy seguro, yo estaba en otro cuarto considerando el mismo asunto, aun cuando no nos habíamos puesto de acuerdo para hacerlo. Cuando nos volvimos a ver y renovamos nuestro compromiso mutuo para el futuro, venga lo que venga, Shirley y yo experimentamos uno de los momentos más emotivos de nuestra vida. Fue un punto extraordinario de nuestros veintiún años juntos, y ninguno de nosotros podrá jamás olvidarlo.

Aun cuando será necesario que comparta una declaración intensamente personal que hay entre mi esposa y yo, quisiera concluir con una porción de la carta que le escribí en aquella memorable mañana. Dejaré fuera los detalles más íntimos, mencionando apenas los recuerdos que me «unieron» a mi esposa.

¿Quién más comparte los recuerdos de mi juventud, durante la cual se colocaron los cimientos del amor? Te pregunto, ¿quién más podría ocupar el lugar que está reservado para la única mujer que estaba allí cuando me gradué de la universidad y me fui al servicio militar, y regresé a la universidad y compré mi primer automóvil (y muy pronto lo choqué), y escogí un anillo barato de compromiso contigo, y oramos y agradecimos a Dios por lo que teníamos? Después pronunciamos nuestros votos matrimoniales y mi papá oró: «Señor, tú nos diste a Jim y a Shirley como infantes a quienes amar y alegrar y criar por un tiempo, y esta noche, te los traemos de vuelta después de nuestra labor de amor, no como individuos separados, sino como una sola carne.» Y todo el mundo lloró. Luego salimos a nuestra luna de miel, y gastamos todo nuestro dinero, y regresamos a nuestro apartamento lleno de arroz y con una campanilla en la cama, y apenas habíamos comenzado. Tú enseñabas en el segundo grado, y yo enseñé (y aprendí a quererlos) a un montón de muchachos de sexto grado, y sobre todo a un muchacho llamado Norbert, y obtuve mi maestría, y luego pasé los exámenes para un doctorado, y compramos nuestra primera casita, y la remodelamos, y arranqué toda la hierba y la sepulté en un hoyo de dos metros, que más tarde se hundió y parecía como dos tumbas en medio del patio, y mientras regaba la tierra para la nueva hierba accidentalmente «planté» ocho millones de semillas de nuestro árbol, para descubrir dos semanas más tarde que tenía un bosque entero creciendo entre nuestra casa y la calle. Después, diste a luz a nuestra primera hija, y la quisimos como a nuestra propia vida, y le pusimos por nombre Danae Ann, y le hicimos un cuarto en nuestra casita, y gradualmente lo llenamos con muebles. Luego me uní al personal del Hospital de Niños, y allí me iba muy bien; sin embargo, todavía no teníamos suficiente dinero para pagar los estudios universitarios, y para otros gastos, al punto de tener que vender nuestro viejo automóvil. Después obtuve el doctorado en filosofía y letras, y lloramos y dimos gracias a Dios por lo que teníamos. En 1970 llevamos a casa a un niñito a quien llamamos James Ryan, y le quisimos como a nuestra propia vida, y no pudimos dormir como por seis meses. Me esforcé en el manuscrito titulado «¡Atrévete a» algo, y recibí un aluvión de respuestas favorables y algunas no tan favorables. Después recibimos un cheque de una minúscula regalía, y pensamos que era una fortuna. Luego me uní a la facultad de la Escuela de Medicina de la Universidad del Sur de California y me fue bien allí. Pronto me encontré yendo de aquí para allá en los pasillos del Hospital Huntington Memorial, mientras un equipo de neurólogos con mirada tétrica examinaban tu sistema nervioso en búsqueda de evidencia de algún tumor en el hipotálamo, y yo oraba y suplicaba a Dios que me dejara acabar mi vida con mi mejor amiga, y Él finalmente dijo: «Sí, por ahora»; y nosotros lloramos y le agradecimos por lo que teníamos. Luego compramos nuestra nueva casa y muy pronto la hicimos pedazos y nos fuimos a esquiar en Vail, Colorado, y tú hiciste pedazos tu pierna y tuve que llamar a tu mamá para informarle del accidente, y ella me hizo pedazos a mí, y nuestro hijo Ryan hizo pedazos a todo el pueblo de Arcadia. Después, la construcción de la casa parecía durar una eternidad, y tú ibas a la sala destrozada y llorabas cada sábado por la noche debido a lo poquito que se había avanzado. Luego, durante la peor parte del caos, cien amigos nos dieron una fiesta sorpresa para estrenar la nueva casa, y se abrieron paso por entre el lodo, los escombros y el aserrín, y los tazones de cereal y pedazos de emparedados, y a la mañana siguiente tú preguntabas entre gruñidos: «¿Realmente sucedió todo eso?» Luego publiqué mi nuevo libro, titulado: *Hide or Seek* [La felicidad del niño], y el editor nos mandó a Hawai, y allí en un balcón con vista a la bahía dimos gracias a Dios por todo lo que teníamos. Luego publiqué el libro «Lo que las esposas desean» y a la gente le encantó, y los honores vinieron en avalancha, y las solicitudes para conferencias llegaron por centenares. Luego te hicieron una operación muy arriesgada, y dije: «Señor, ¡no ahora!» Luego el médico dijo: «No es cáncer», y lloramos y agradecimos a Dios por lo que teníamos. Luego empecé un programa de radio, y pedí licencia para ausentarme del Hospital de Niños, y abrí una oficina muy pequeña en Arcadia, a la cual llamé Enfoque a la Familia, y eso nos dio mayor visibilidad. Luego fuimos a Kansas City en una vacación familiar, y mi papá oró el último día que estuvimos allí, y dijo: «Señor, sabemos que no siempre todo será tan maravilloso como lo es ahora, pero te agradecemos por el amor de que disfrutamos hoy.» Un mes más tarde le dio un ataque al corazón, y en diciembre tuve que decirle adiós a mi gentil amigo, y tú pusiste tus brazos alrededor de mi cuello y me dijiste: «Tu dolor es también el mío», y llorando te dije: «Te quiero mucho.» Después invitamos a mamá a que viniera a pasar seis semanas con nosotros durante su período de recuperación, y los tres pasamos la Navidad en que nos sentimos más solos en nuestra vida, al mirar la silla vacía y el sitio que nos traía el recuerdo del suéter rojo de papá, y las fichas de dominó, y las manzanas y la pila de libros difíciles, y un perrito llamado Benji que siempre se sentaba en sus piernas. Pero la vida continuaba. Mi madre luchaba por recobrar su compostura, y no podía lograrlo, y perdió quince libras de peso, y se mudó para California, y todavía lloraba por su amigo ausente. Escribí más libros, y llegaron más honores, y llegamos a ser más conocidos, y nuestra influencia se extendió y agradecimos a Dios por lo que teníamos. Nuestra hija llegó a la adolescencia, y este experto en niños fue más que insuficiente, y se encontró pidiéndole a Dios que le ayudara en la terrible tarea de ser padre, y Él lo hizo, y le agradecimos por darnos algo de su sabiduría. Luego un perrito llamado Siggie, que era cierta clase de perro faldero, envejeció y se quedó sin dientes, y tuvimos que llevarlo al veterinario para que pusiera fin a sus sufrimientos, y el amorío que duró quince años entre un hombre y su perro se acabó con un gemido. Pero un cachorro llamado Mindy apareció en nuestra puerta, y la vida siguió su curso. Luego hubo una serie de películas que se produjeron en San Antonio, Texas, y nuestro mundo se trastornó de arriba abajo cuando se nos colocó en una vitrina, y el ministerio de Enfoque a la Familia se amplió en nuevas direcciones, y la vida se hizo más atareada y más frenética, y el tiempo se hacía cada vez más precioso, y luego alguien nos invitó a que asistiéramos a un Encuentro matrimonial de fin de semana, que es donde me encuentro en este momento.

De modo que te pregunto: ¿Quién va a tomar tu lugar en mi vida? Tú te has convertido en mí y yo me he convertido en ti. Somos inseparables. Ya he pasado el cuarenta y seis por ciento de mi vida contigo, y casi ni puedo recordar el primer cincuenta y cuatro por ciento. Ninguna de las experiencias que he anotado pueden ser comprendidas por nadie, excepto por la mujer que las ha vivido junto a mí. Aquellos días ya se han ido, pero su aroma todavía queda en nuestras mentes. Y con cada suceso durante estos veinticuatro años, nuestras vidas se han entrelazado más y más, fundiéndose con el tiempo en este increíble cariño que siento por ti ahora.

¿No es acaso asombroso que puedo leer tu expresión como si fuera un libro, aun cuando estemos entre mucha gente? El menor parpadeo tuyo me dice mucho más acerca de los pensamientos que recorren tu experiencia consciente. Cuando abres tus regalos de Navidad, instantáneamente sé si te gusta el color, o el estilo del regalo, porque tus sentimientos no pueden ocultarse de mí.

Te quiero mucho, S. M. D. (¿recuerdas la camisa con el monograma?). Quiero mucho a la muchacha que creyó en mí antes que yo creyera en mí mismo. Amo a la muchacha que nunca se quejó por las enormes cuentas de la escuela, ni por el montón de libros, ni por los apartamentos sin aire acondicionado en el verano, ni por los muebles alquilados, ni por pasarse sin vacaciones, y por nuestro humilde auto. Allí has estado tú conmigo: animándome, queriéndome, y respaldándome desde el 27 de agosto de 1960. Y la situación que tú me has dado en nuestro hogar es mucho mejor de lo que yo me he merecido.

¿De modo que por qué quiero seguir viviendo? Porque te tengo a ti para recorrer juntos el camino. Si no fuera así, ¿para qué hacer el viaje? La mitad de la vida que hay delante promete ser más difícil que los años pasados. Está en la naturaleza de las cosas que mamá algún día se unirá a papá, y que tendremos que llevarla a su sitio de descanso final junto a él en Olathe, Kansas, en frente de aquella colina barrida por el viento donde él solía caminar con Benji y grabó la cinta describiéndome la belleza de aquel lugar. Luego tendremos que decir adiós a tu mamá y a tu papá. Serán nada más que recuerdos los juegos de mesa que jugábamos y la mesa de ping pong, y los dardos, y la risa de Joe, y el maravilloso jamón de Alma y sus tarjetas de cumpleaños subrayadas, y la pequeña casita en Long Beach. Hasta la última fibra de mi ser grita: «¡No!» Pero la oración final de mi papá todavía es válida: «Sabemos que no siempre las cosas serán como ahora.» Cuando llegue la hora, nuestra niñez será cortada, cortada por la muerte de los padres que nos trajeron al mundo.

¿Qué, entonces, querida esposa? ¿A quién acudiré en busca de solaz y consuelo? ¿A quién le puedo decir: «¡Duele mucho!», y saber que se me entiende más que de una manera abstracta? ¿A quién podré acudir cuando las hojas del verano comiencen a cambiar de color y a caer al suelo? Cuánto he disfrutado de la primavera y del calor del sol de verano. Las flores y la hierba verde y el cielo azul, y los arroyos claros, han sido saboreados al máximo. Pero, de seguro, el otoño se avecina. Incluso ahora mismo, puedo sentir una brisa fría en el aire, y trato de no mirar a la nube solitaria y distante que casi se percibe en el horizonte. Debo encarar el hecho de que el invierno se acerca, con su hielo y su nieve, y su lluvia congelada, listo para atravesarnos. Pero en este caso, el invierno no será seguido de la primavera, excepto en la gloria por venir. ¿Con quién, entonces, voy a pasar la temporada final de mi vida?

Con nadie, sino contigo, Shirley. La única alegría del futuro será en vivirlo, como lo hemos hecho estos pasados veinticuatro años, mano a mano, con aquella a quien amo… una jovencita llamada Shirley Deere, quien me dio todo lo que tenía, incluso su corazón.

Gracias, cariño mío, por realizar este viaje conmigo. Vayamos hasta el final, ¡juntos!

Tu Jim

¡Eso se llama enlace emocional del matrimonio!

17

Con más amor para las victimas

.

Comencé este libro con una expresión de amor y simpatía por los hombres y mujeres que han atravesado severas crisis familiares y sufrimiento personal. Me gustaría concluir mi comentario hablando directo a las mismas personas que desesperadamente necesitan el consejo que he ofrecido. Sé que este no ha sido un libro fácil de leer. Francamente, yo mismo lo encontré difícil de escribir. No he tenido ningún placer en describir los sórdidos detalles de la infidelidad, el maltrato de niños o esposas, la homosexualidad, el alcoholismo, el conflicto marital y el divorcio. ¡Pero así es la realidad! La mitad de las parejas de los Estados Unidos, de más de cuarenta años, ha experimentado enredos extramaritales en algún momento, y actualmente más divorcios tienen lugar que matrimonios. Esto se traduce en millones de personas que han atravesado el mismo trauma que usted. Y es por eso que escribí este libro. Quería proporcionar algunos recursos y filosofía práctica con los cuales traer a su cónyuge de vuelta al compromiso y a la responsabilidad. ¡Es mi oración que así ocurra!

Ahora debo ofrecer una palabra final de consejo, igual en importancia a cualquier cosa que he escrito. Sorprendentemente, mi preocupación más grande tiene que ver con las familias que con la ayuda de Dios se han librado al borde mismo del divorcio, y parecen estar en vías de recuperación. En ese momento de celebración, a menudo aparece un nuevo peligro que puede ser más mortífero que el primero. Justo cuando luce que la batalla está ganada, todo parece perderse por razones que ni siquiera existían en el comienzo. Por eso le aliento con fervor a que lea cuidadosamente este capítulo final, y que preste atención a su advertencia.

Para explicarlo, retornemos a la situación de Linda, cuyo esposo está enredado con otra mujer. Como recordará, ella ha sufrido indecible agonía por la desvergonzada infidelidad y rechazo de parte de Pablo, sintiéndose casi sufriendo de muerte. En realidad, el suicidio sin lugar a dudas ya se ha presentado como una opción para ella en muchas ocasiones en las primeras horas de la mañana, o después de una tarde solitaria.

Pero luego comienza a ocurrir una callada transformación. Supongamos que Linda se encuentra por casualidad con los principios del amor firme, y que gradualmente aprende a dejar libre a su esposo. Por primera vez se da cuenta de que la culpa que la invade no es enteramente válida, y la dinámica del conflicto poco a poco se aclara. Retorna lentamente su dignidad personal, y comienza a descongelarse el largo y gélido invierno.

Ya pueden imaginarse qué bien se siente ella al escapar del dolor del pasado. Un bendito alivio tiene lugar después de meses y meses de indescriptible depresión y tristeza. Pero, ¡cuidado! ¡Allí está el peligro! Es muy fácil en ese momento para Linda olvidarse de que su deseo original era traer a Pablo de vuelta a ella, y si se olvida, puede tal vez sacarlo permanentemente de su corazón. Cuando el egoísmo de lo que él ha hecho queda bien claro, su depresión puede convertirse en ira o en profunda apatía. Puede también temer que cuando Pablo haya retornado y que la crisis quede resuelta, sus problemas originales volverán y que su vida no será diferente que la que vivía en aquellas horas tan negras. Por estas y otras razones, Linda puede no querer ya a Pablo más, cuando se da cuenta de que puede recuperarlo. A menudo ocurre así. Cuando esto sucede, el cónyuge infiel algunas veces atraviesa la misma agonía que el otro sufrió pocos meses antes. La relación completa puede trastornarse.

A todos los que se encuentran en la situación de Linda, les animo a que continúen receptivos a la voluntad del Señor Jesucristo, aun cuando ello signifique amar y perdonar al que les ha causado tanto dolor. Sé que es más fácil hablar del perdón, que perdonar; sobre todo cuando la herida fue causada por un cónyuge. Sin embargo, eso es lo que se nos exige a los cristianos que hagamos. No hay lugar para el odio en el corazón de la persona a quien a su vez se le han perdonado tantos pecados.

Debo recalcar este punto. La firmeza que recomiendo en respuesta a la irresponsabilidad puede ser destructiva y perversa a menos que vaya caracterizada por amor y compasión genuinos. Nuestro propósito jamás debe ser lastimar o castigar a la otra persona, aun cuando la retribución sea bien merecida por ella . La venganza es una prerrogativa exclusiva del Señor Jesucristo (Romanos 12:19). Es más, el resentimiento es una emoción peligrosa. Puede ser un tumor maligno que consume el espíritu y envuelve la mente, dejándonos amargados y desilusionados de la vida. Repito: no importa cuán mal nos hayan tratado, o cuán egoístas nos hayan parecido nuestros cónyuges, se nos llama a libertarlos de toda exigencia de cuentas. Esto es el significado del verdadero perdón. Según el psicólogo Archibald Hart, «el perdón es la rendición de mi derecho de herirte por haberme tú lastimado a mí».

Algunos de los momentos más conmovedores en mi experiencia de consejería han implicado el perdón sincero de parte de un cónyuge por las heridas devastadoras causadas por el otro. Nunca olvidaré el día en que Dolores llegó a mi oficina. Traía un aire de depresión y tristeza, y se sentó cabizbaja en una silla. Su esposo, Fernando, me había pedido que los ayudara, después que ella había intentado suicidarse en horas avanzadas una noche. Él se había despertado a las tres de la mañana para ir al baño, y la encontró en el proceso de quitarse la vida. Si no se hubiera despertado, ella lo hubiera logrado.

Fernando no tenía ni idea de por qué Dolores quería suicidarse, o por qué estaba tan deprimida. No quería decírselo. Sabía que se trataba de algo terrible, pero no podía lograr que se lo revelara. Incluso después del episodio del suicidio, ella lo guardaba todo en su corazón, totalmente deprimida. Por último aceptó hablar conmigo, y Fernando la trajo a mi oficina.

Fernando se quedó en la sala de espera mientras Dolores y yo hablábamos. Al principio ella corrió una cortina de humo sobre sus emociones, pero al rato la historia comenzó a surgir. Estaba bien metida en un enredo amoroso con un compañero de trabajo, y la culpa la estaba destrozando.

Le dije: «Dolores, usted sabe que la única manera en que podrá resolver este asunto es confesándoselo a Fernando. Usted no puede conservar este terrible secreto para siempre entre ustedes. Será una barrera que destruirá lo que queda de su matrimonio. Pienso que usted debe decirle la verdad a Fernando, y pedir que la ayude a concluir con el amorío.»

Ella se quedó mirándome y me dijo: «Sé que usted tiene razón, pero ¡no puedo decírselo! ¡Ya he tratado de hacerlo, pero no puedo hacerlo!»

Le dije: «¿Quiere que yo lo haga?»

Dolores asintió a través de las lágrimas, y entonces le dije: «Vaya a la sala de espera, y dígale a Fernando que pase. Usted quédese allí, y yo la llamaré como en una hora.»

Fernando entró con una mirada de ansiedad en sus ojos. Estaba muy preocupado por su esposa; sin embargo, no tenía ni idea de lo que debía esperar. Esa fue, me parece, una de las tareas más difíciles que jamás he tenido que cumplir, decir a un esposo cariñoso y fiel que ha sido traicionado por su esposa. Como era de esperarse, la noticia fue para él un golpe de formidables proporciones. Su cólera y angustia estaban entremezcladas con compasión y remordimiento. Continuamos hablando por un rato, y luego invité a Dolores a que entrara de nuevo en la oficina.

Aquellas dos personas heridas se quedaron inmóviles, en profunda depresión, mientras yo trataba de facilitar la comunicación entre ellos. Pero la atmósfera era extremadamente pesada. Por último, oré y les pedí que se fueran y regresaran al día siguiente a las diez de la mañana.

Dolores y Fernando tuvieron una noche pésima. No pelearon, pero ambos estaban tan lastimados y confusos que ni siquiera pudieron dormir. Tampoco pudieron hablarse. Llegaron a mi oficina a la hora convenida, en la misma situación en que habían estado cuando salieron. Les hablé acerca del perdón, acerca de que Dios puede curar las heridas de los recuerdos, y sobre su situación presente. Ni siquiera hoy sé cómo ocurrió, pero un espíritu de amor comenzó a invadir la oficina. Oramos juntos, y de repente Dolores y Fernando se lanzaron a los brazos del otro, llorando y pidiéndose perdón, y *otorgándolo*. Fue un increíble momento de alegría para nosotros tres, y sucedió debido a que un hombre que había sido engañado y traicionado por su esposa estaba dispuesto a decir: «¡No tengo nada contra ti!»

Aun cuando esa clase de perdón es difícil de dar o recibir, puedo asegurar que el divorcio es todavía más difícil. El divorcio deja en sus víctimas cicatrices que duran toda una vida. Por eso Dios aborrece el divorcio (Malaquías 2:16). Él conoce la devastación que causa no sólo en los adultos, sino incluso más severamente en los niños. Ese es, por supuesto, el punto más sensible de mi corazón. Siento una ternura especial por los pequeños que sufren, sobre todo por los que suspiran por los brazos de un padre que se ha ido. Esto ocurre todos los días en los niños de los Estados Unidos. A más de la mitad de muchachos y muchachas de menos de dieciocho años les falta uno o ambos padres. Tres años después del divorcio, la mitad de esos padres jamás vuelven a ver a sus hijos. Uno de ellos, Lisa Castro, una amiga de mi hija, escribió el siguiente poema y lo dirigió a su padre. Ella dice:

> Padre, me pregunto…
> ¿Querías tú dejarnos?
> Siempre me he preguntado por qué.
> ¿Alguna vez te preguntaste lo que pudiera haber sido?
> ¿te hizo eso llorar alguna vez?
> Estoy en casa y pienso en ti,
> y en cómo hubiera sido nuestra vida.
> Siempre he querido, tan fuertemente,
> que estuvieras aquí conmigo.
> Siempre he sentido que una parte de mí nunca creció.
> ¿Piensas en mí alguna vez?
> ¿Mi padre? ¿Mi propio padre?

No conozco las circunstancias que hicieron que el padre de Lisa se fuera, pero a menudo el motivo para la desintegración familiar no es más que puro egoísmo desenfrenado. En aquellos casos, debo preguntar ¿qué emociones sexuales —qué extravagancias románticas, qué clase de conflictos— pueden justificar el dolor de una niña como Lisa? ¡Será recordado toda una vida! El comediante Jonathan Winters se refería al divorcio de sus padres, cuarenta años atrás, cuando dijo: «Todo mi humor es una reacción a la tristeza.»

El divorcio también es devastador para los padres que quieren estar con los hijos que perdieron en la sentencia sobre la custodia de ellos. Esa es la situación de Martín, según describe en su emotiva carta que me escribió:

Estimado doctor Dobson:

Anoche vi su película sobre el tema de ser padre. Las personas que me rodeaban estaban llorando cuando se terminó, y yo no pude encontrar fuerzas para salir. ¿Sabe usted? Soy el padre de un niño de tres años y medio que se llama Arturo. Hace dos años su madre decidió divorciarse de mí, y obtuvo una orden judicial que me obligó a salir de casa. Un psicólogo testificó que yo sería mejor padre que mi esposa, pero ella recibió la custodia del niño, y el juez también le dio casi todo lo que teníamos. Lo único que yo quería —lo único que realmente me importaba— era el pequeño Arturo. ¡Él me necesitaba!

Arturo era un bebé cuando mi esposa y yo nos separamos, y las únicas palabras que podía decir eran: «Mi papito.» Pero él sabía lo que quería decir. Cuando iba a recogerlo para mi día de visita, se aferraba a mí y repetía las mismas palabras. Se quedaba dormido a los pocos minutos después que lo recogía, y dormía durante casi tres horas seguidas. Luego, cuando se lo devolvía a su madre, estiraba sus bracitos gritando: «¡Mi papi! ¡Mi papito!»

He disfrutado de las ocasiones que he pasado con Arturo estos pasados dos años. Vemos juntos televisión, y se acuesta en mis piernas y se queda dormido. Algunas veces se sienta en el suelo, junto a mí, y pone sus piernas encima de mí, puesto que papá pone sus pies en el sofá. Le he enseñando a Arturo a cepillarse los dientes, y cómo usar el inodoro. Si ha tenido una pesadilla, me la cuenta. Antes, cuando su madre le lavaba la cabeza, Arturo gritaba. Pero ahora le digo lo que espero de él, y le aseguro que el jabón no le va a caer en los ojos, y ya no llora. Confía en mí. Me siento tan cerca de mi hijo. Si voy al garaje para hacer algún trabajo, Arturo va conmigo. Me siento tan orgulloso de tener este pequeño conmigo, que ni siquiera me preocupa que derrame todos los clavos sobre el piso. Le he enseñado a orar.

Ahora que Arturo tiene tres años y medio, puede expresar sus sentimientos. Ayer me preguntó si lo iba a llevar de regreso a donde estaba su mamá. Comenzó a llorar cuando le dije: «No todavía, hijo; pero sí, este es el día.» Me dijo: «Papá, te echo mucho de menos, en realidad.» Sí, yo también lloré. Y estoy llorando ahora.

La madre de Arturo le dice que no sirvo para nada y que debe olvidarme. Ella critica las comidas que preparo, y trata de convencerlo de que no sé cocinar. Me insulta en la misma presencia del niño. Estas son ofensas menores comparadas con las otras cosas que ha hecho. Pero lo más doloroso para mí es que mi hijo tiene un papá que puede enseñarle cosas sólo por cuatro días al mes. ¡Cuatro días lamentables! ¿Cómo puedo moldear su personalidad en desarrollo, y enseñarle mis valores, en cuatro cortos días?

Arturo, te quiero mucho. Mis oraciones por ti, y por los otros así como tú, nunca cesarán. Aceptaré mis cuatro días contigo por ahora, y oraré porque llegue el tiempo en que pueda verte más.

Usted puede comprender, doctor Dobson, por qué lloraba yo por dentro al ver su película esta noche. Quería que usted siguiera diciéndolo. Dígale a la gente lo que están haciéndoles a sus propios hijos. Muéstreles cómo resolver sus diferencias. Salve a las familias.

No parece apropiado que llore un hombre de casi dos metros de estatura y que tiene un cinturón negro de karate; pero parece que eso es todo lo que puedo hacer por ahora.

Gracias por su tiempo,

Martín

Vamos, amigos. ¡Ya es suficiente! Ya hemos tenido nuestra danza con el divorcio, y tenemos millones de hogares destrozados para mostrarlo. Hemos tratado la filosofía del yo primero, y la nueva moralidad, y el hedonismo desenfrenado. No han servido. Ahora es tiempo de retornar a los antiguos valores morales, como el compromiso y el sacrificio, y la responsabilidad, y la pureza, y el amor, y la vida recta. No sólo nuestros niños se beneficiarán por nuestra disciplina propia y perseverancia, sino que nosotros mismos, los adultos, viviremos en un mundo menos neurótico también.

Pero ya oigo a alguien diciendo: «Está bien, de modo que el divorcio no es la respuesta. Ya he hecho todo lo posible por perdonar a mi cónyuge, pero todavía no creo que pueda volver a sentir genuino cariño por esta persona que expresamente me rompió el corazón.» Permítame asegurarle que el amor romántico y la ternura sí pueden ser alimentados y reavivados, aun cuando la relación parezca estar más allá de la tumba. He visto al Autor del Amor «restaurar los años que comió la langosta» en los que tratan de obedecerle. Concluiré con una carta de Elvira, quien ha estado donde tal vez usted se encuentra ahora.

Estimado doctor Dobson:

Estuve casada por catorce años con un inconverso, en lo que demostró ser un verdadero infierno. No hay manera de describir cuán terriblemente me trató Carlos durante ese tiempo. Muchas veces pensé en huir, y en cualquier otra cosa que pudiera ayudarme a sobrellevar la vida. Parecía que mis oraciones y mi trabajo en la iglesia eran inútiles y que no me daban paz ni tranquilidad. Gradualmente, cedí a las insinuaciones románticas de otro miembro de la iglesia. Él también era muy infeliz en su matrimonio, e, inevitablemente, nos enredamos profundamente en un amorío.

La esposa de este hombre murió entonces de una enfermedad del corazón, y yo tenía la intención de divorciarme para casarme con él. Pero cuando Carlos vio que me estaba perdiendo sin esperanza de reconciliación, calladamente dejó a un lado toda la horrible forma en que me trataba, y se volvió muy amable casi de la noche a la mañana. Hasta cambió de trabajo para pasar más tiempo en casa.

Eso me puso en una situación muy difícil. Yo quería mucho al otro, y sentía como que no podría vivir sin él, y no obstante, sabía que no era correcto divorciarme de mi esposo. Por un acto de pura fe, rompí la relación con el otro, e hice lo que consideré correcto a los ojos de Dios.

Por tres años, no sentí nada por mi esposo. Creía en las Escrituras, y también que si hacía lo que ellas decían, el Señor me daría lo que nunca había tenido. Admito que sostuve una terrible lucha con mis emociones en ese tiempo.

Durante los últimos dos años, sin embargo, Dios ha derramado sobre nosotros una bendición que casi no se puede creer. Estoy tan comprometida con mi esposo, que me encuentro enamorada profundamente del mismo hombre que aborrecí por catorce años. Dios me ha dado este intenso cariño por él. Ahora, algo más ha ocurrido. Nuestros hijos se han acercado tanto a nosotros, y se quieren uno al otro como nunca antes. Nos encanta buscar en las Escrituras cosas que hay que obedecer, y luego nos comprometemos a cumplir lo que hemos leído. Al principio incluyó la lectura diaria de la Biblia, y ahora incluye también trabajar juntos en la iglesia. Somos un testimonio para todos los que ven este increíble cambio en nuestra familia.

Digo todo eso para indicar lo siguiente. Vale la pena seguir la voluntad de Dios, aun cuando eso contradiga nuestros deseos. Siempre hay la tentación de tirarlo todo por la borda, de tiempo en tiempo. Pero prefiero pasar cinco minutos en verdadero compañerismo con el Señor, que tener una vida entera de diversión y juegos. En realidad, puedo decirlo: ¡da resultado! Gracias,

Elvira

Resultará en su familia también. Gracias por leer mi libro. Oro que el Señor bendiga su hogar con amor y calor, y todo lo bueno[1].

---

[1] De acuerdo con la revista *Psychology Today,* 1983.

Nos agradaría recibir noticias suyas.
Por favor, envíe sus comentarios sobre este libro
a la dirección que aparece a continuación.
Muchas gracias.

ZONDERVAN

EDITORIAL VIDA
7500 NW 25th Street, Suite 239
Miami, Florida 33122

Vida@zondervan.com
http://www.editorialvida.com